Kartoffel

Gerichte

Parragon

Bath · New York · Singapore · Hong Kong · Cologne · Delhi · Melbourne

Layout: Terry Jeavons & Company

Parragon Books Ltd
Queen Street House
4 Queen Street
Bath BA1 1HE, UK

Übersetzung: Sonja Kerkhoffs, print & screen productions, Köln, u. a.
Redaktion und Satz: Regine Ermert, Köln
Koordination: trans texas publishing, Köln

ISBN 978-1-4075-4137-2
Printed in China

Sofern die Schale von Zitrusfrüchten benötigt wird, verwenden Sie unbedingt unbehandelte Früchte.
Sind Zutaten in Löffeln angegeben, ist immer ein gestrichener Löffel gemeint: Ein Teelöffel entspricht 5 ml, ein Esslöffel 15 ml.
Sofern nicht anders angegeben, wird Vollmilch (3,5 % Fett) verwendet.
Es sollte stets frisch gemahlener schwarzer Pfeffer verwendet werden.
Bei Eiern und einzelnen Gemüsesorten, z. B. Kartoffeln, verwenden Sie mittelgroße Exemplare.
Kinder, ältere Menschen, Schwangere, Kranke und Rekonvaleszenten sollten auf Gerichte mit rohen oder nur leicht gegarten Eiern verzichten.
Die angegebenen Zeiten können von den tatsächlichen leicht abweichen, da je nach verwendeter Zubereitungsmethode und vorhandenem Herdtyp Schwankungen auftreten.

Kartoffel
Gerichte

Einführung

Die Kartoffel ist eines unserer vielseitigsten Nahrungsmittel. Und sie ist gesund: Neben zahlreichen Ballaststoffen enthält sie reichlich Kalium, Vitamin C und B-Vitamine. Bedenkt man außerdem, dass die Vielfalt an Kartoffelrezepten schier unüberschaubar ist, so nimmt es kaum Wunder, dass die gelbfleischige Knolle heute zu den weltweit beliebtesten Gemüsesorten zählt und fast überall angebaut wird.

Die verschiedenen Kartoffelsorten eignen sich unterschiedlich gut für die einzelnen Zubereitungsmethoden: Fest kochende lassen sich hervorragend kochen – sie werden in einen großen Topf mit kochendem Salzwasser gegeben, abgedeckt und langsam gar geköchelt. Mehlig kochende dagegen sind ideal für Kartoffelpüree, das nach dem Stampfen mit einem Stich Butter, etwas heißer

Milch und Gewürzen verfeinert wird. Für die Zubereitung im Backofen eignen sich beide Sorten; sie müssen dazu nicht geschält werden, was auch gesundheitlich vorteilhaft ist, da sie so kaum Nährstoffe verlieren. Wer mag, gart Kartoffeln daher am besten immer in der Schale und entfernt diese nur, wenn nötig – sobald die Knollen etwas abgekühlt sind.

Kaufen Sie nur feste, gleichmäßig geformte Kartoffeln mit glatter, straffer Schale. Neue Kartoffeln sollten so frisch wie möglich verzehrt werden, alle anderen können gut an einem kalten und vor allem dunklen Ort gelagert werden. Licht ist für die Knollen besonders schädlich, denn es färbt sie langsam grün, wodurch sie nicht nur einen unangenehmen Geschmack entwickeln, sondern auch mehr giftige Glycoalkaloide bilden.

In diesem Buch präsentieren wir Ihnen eine Auswahl der besten Kartoffelrezepte der Welt, die Sie dazu inspirieren sollen, aus diesem verblüffend einfachen und alltäglichen Lebensmittel das Beste herauszuholen.

Suppen

Kartoffeln stellen eine hervorragende Grundlage für Suppen dar: Bei kräftigen rustikalen Eintöpfen sorgen sie für den nötigen Biss, während sie feinen pürierten Cremesuppen eine weiche, sämige Struktur verleihen. Ihr milder Geschmack lässt gleichzeitig anderen Zutaten reichlich Raum, sich zu entfalten.

Wie Kartoffeln, so eignen sich auch Suppen für jede kulinarische Gelegenheit. Leicht und fein, wie die *Brunnenkressesuppe* oder die *Dicke-Bohnen-Suppe,* bilden sie ideale Vorspeisen für festliche Dinners. Herzhaft und rustikal dagegen, wie die *Bretonische Fischsuppe* oder die *Hähnchen-Kartoffel-Suppe mit Speck,* sind sie oft so gehaltvoll, dass man mit ihnen mühelos eine komplette Mahlzeit bestreiten kann. Probieren Sie unbedingt die *Kartoffel-Porree-Suppe* und die mediterrane *Gemüse-Kartoffel-Suppe mit Pistou-Sauce,* die köstliche Aromen in Ihre Küche zaubern.

Für einige Rezepte in diesem Kapitel benötigen Sie Süßkartoffeln, entfernte Verwandte der klassischen Knolle, deren dunkeloranges Fruchtfleisch sehr appetitlich aussieht und leicht süßlich schmeckt. Süßkartoffeln harmonieren besonders gut mit dem cremig-herben Geschmack von Blauschimmelkäse und der Fruchtsäure von Äpfeln, aber auch mit Kürbisfleisch und Knoblauch.

Gemüse-Kartoffel-Suppe mit Pistou-Sauce

Zutaten

FÜR 6 PERSONEN

2 junge Karotten
500 g Kartoffeln
200 g frische Erbsen mit Schoten
200 g grüne Bohnen
150 g kleine Zucchini
2 EL natives Olivenöl extra
1 Knoblauchzehe, zerdrückt
1 große Zwiebel, fein gehackt
2,5 l Gemüsebrühe oder Wasser
1 Bouquet garni aus 2 Petersilienzweigen, 1 Lorbeerblatt und 7,5-cm-Stück Selleriestange
1 große Tomate, gehäutet, entkernt und fein gehackt
100 g kleine Suppennudeln
frisch gehobelter Parmesan, zum Garnieren

Pistou-Sauce

75 g frisches Basilikum
1 Knoblauchzehe
5 EL natives Olivenöl extra
Salz und Pfeffer

Zubereitung

1 Für die Pistou-Sauce Basilikum, Knoblauch und Olivenöl in der Küchenmaschine gut zerkleinern. Mit Salz und Pfeffer abschmecken. In eine Schüssel füllen, mit Frischhaltefolie abdecken und kalt stellen.

2 Die Karotten schälen, längs halbieren und in Scheiben schneiden. Die Kartoffeln schälen, vierteln und in Scheiben schneiden. Beiseitestellen.

3 Erbsenschoten entfernen. Bohnenenden abknipsen und Bohnen in 2,5 cm lange Stücke schneiden. Die Zucchini längs halbieren und in Scheiben schneiden.

4 Das Olivenöl in einem großen Topf erhitzen. Den Knoblauch zufügen und unter Rühren 2 Minuten andünsten. Die Zwiebel zugeben und 2 Minuten weich dünsten. Dann Karotten und Kartoffeln behutsam einrühren.

5 Die Brühe oder das Wasser zugießen und aufkochen. Die Hitze reduzieren, halb abdecken und 8 Minuten köcheln lassen, bis das Gemüse allmählich weich wird.

6 Erbsen, Bohnen, Zucchini, Bouquet garni, Tomate und Nudeln einrühren. Abschmecken und 8–10 Minuten kochen, bis das Gemüse und die Nudeln gar sind. Die Pistou-Sauce unterrühren und mit Parmesan servieren.

Kartoffelsuppe mit getrockneten Pilzen

Zutaten

FÜR 4 PERSONEN

2 EL Pflanzenöl
600 g mehlig kochende Kartoffeln, in Scheiben
1 Zwiebel, in Ringen
2 Knoblauchzehen, zerdrückt
1 l Rinderbrühe
25 g getrocknete Pilze, eingeweicht und trocken getupft, Einweichwasser aufheben
2 Selleriestangen, gehackt
2 EL Weinbrand
Salz und Pfeffer

Belag

3 EL Butter
2 dicke Scheiben Weißbrot ohne Kruste
3 EL frisch geriebener Parmesan

Garnierung

getrocknete Pilze, eingeweicht und trocken getupft
frische Petersilie

Zubereitung

1 Das Öl in einem großen Topf erhitzen, Kartoffeln, Zwiebel und Knoblauch zugeben und alles unter ständigem Rühren 5 Minuten andünsten.

2 Rinderbrühe, Pilze samt dem Einweichwasser und Sellerie zugeben. Kurz aufkochen, dann die Hitze reduzieren und abgedeckt etwa 20 Minuten köcheln lassen, bis die Kartoffeln gar sind.

3 Inzwischen für den Belag die Butter in einer Pfanne zerlassen. Die Brotscheiben mit dem Parmesan bestreuen und in der Butter von beiden Seiten je 1 Minute rösten, danach in Dreiecke schneiden. Den Weinbrand in die Suppe einrühren und diese mit Salz und Pfeffer abschmecken.

4 Die Suppe auf Teller verteilen und mit den Brotecken belegen. Mit Pilzen und Petersilie garnieren und sofort servieren.

Kartoffel-Porree-Suppe

Zutaten

FÜR 4–6 PERSONEN

55 g Butter
1 Zwiebel, gehackt
3 Porreestangen, in Ringen
250 g Kartoffeln, in 2 cm großen Würfeln
1 l Gemüsebrühe
Salz und Pfeffer
150 g Schlagsahne (nach Belieben)
2 EL frische Schnittlauchröllchen, zum Garnieren

Zubereitung

1 Die Butter bei mittlerer Hitze in einem großen Topf zerlassen. Das vorbereitete Gemüse zufügen und 2–3 Minuten dünsten, bis es weich, aber nicht gebräunt ist. Die Brühe zugießen und aufkochen, dann die Hitze reduzieren und alles abgedeckt 15 Minuten köcheln lassen.

2 Den Topf vom Herd nehmen und die Suppe im Mixer oder mit dem Pürierstab pürieren.

3 Die Suppe erneut erwärmen und mit Salz und Pfeffer abschmecken. Anschließend auf vorgewärmte Suppenteller verteilen. Nach Belieben einen Löffel Sahne einrühren, und die Suppe mit Schnittlauchröllchen garniert servieren.

Kartoffelsuppe mit Mais & Käse

Zutaten

FÜR 4 PERSONEN

25 g Butter
2 Schalotten, fein gehackt
250 g Kartoffeln, gewürfelt
4 EL Mehl
2 EL trockener Weißwein
300 ml Milch
Salz (nach Belieben)
350 g Mais aus der Dose, abgetropft
100 g Gruyère, Emmentaler oder Gouda, gerieben
8–10 frische Salbeiblätter, gehackt
400 g Crème double
frische Salbeizweige, zum Garnieren

Croûtons

2–3 Scheiben altbackenes Weißbrot
2 EL natives Olivenöl extra

Zubereitung

1 Für die Croûtons zunächst das Brot von der Rinde befreien und dann in etwa 5 mm große Würfel schneiden. Das Olivenöl in einer Pfanne erhitzen und die Brotwürfel darin von allen Seiten goldbraun anbraten. Anschließend aus der Pfanne nehmen, auf Küchenpapier abtropfen lassen und beiseitestellen.

2 Die Butter in einem großen Topf zerlassen und die Schalotten darin bei geringer Hitze unter gelegentlichem Rühren etwa 5 Minuten weich dünsten. Die Kartoffeln zufügen und unter Rühren 2 Minuten mitdünsten.

3 Die Kartoffel-Zwiebel-Mischung mit Mehl bestäuben und 1 weitere Minute unter Rühren dünsten. Den Topf vom Herd nehmen und den Wein zugießen, dann nach und nach die Milch einrühren. Nach Belieben salzen und unter Rühren erneut aufkochen.

4 Die Hitze reduzieren, bis die Suppe nur noch leicht köchelt. Dann Mais, Käse, den gehackten Salbei und die Crème double einrühren. Sanft erhitzen, bis der Käse geschmolzen ist. Die fertige Suppe auf vorgewärmte Schalen verteilen, mit einigen Croûtons sowie je einem Salbeizweig garnieren und sofort servieren.

Kürbis-Süßkartoffel-Suppe

Zutaten

FÜR 6 PERSONEN

350 g Süßkartoffeln
1 kleiner Kürbis
4 Schalotten
natives Olivenöl extra
5–6 Knoblauchzehen, ungeschält
850 ml Hühnerbrühe
Salz und Pfeffer
125 g Schlagsahne
frischer Schnittlauch, zum Garnieren

Zubereitung

1 Süßkartoffeln, Kürbis und Schalotten längs halbieren. Die Schnittflächen mit Olivenöl einpinseln.

2 Die Gemüsehälften mit der Schnittfläche nach unten in einen flachen Bräter legen. Die Knoblauchzehen zufügen. Im vorgeheizten Backofen bei 190 °C etwa 40 Minuten garen, bis das Gemüse weich und hellbraun ist.

3 Das Gemüse leicht abkühlen lassen, dann das Fleisch von den Süßkartoffel- und Kürbishälften aus den Schalen schaben und mit den Schalotten in einen großen Topf geben. Die Knoblauchzehen aus den Schalen lösen und zum übrigen Gemüse geben.

4 Die Brühe und 1 Prise Salz zugeben. Kurz aufkochen. Bei halb aufgelegtem Deckel 30 Minuten köcheln lassen, bis das Gemüse weich ist. Gelegentlich umrühren.

5 Die Suppe leicht abkühlen lassen, dann portionsweise glatt pürieren. (Zum Pürieren in der Küchenmaschine die Kochflüssigkeit abgießen und auffangen. Die festen Zutaten mit etwas Flüssigkeit zerkleinern. Danach wieder mit der Restflüssigkeit vermischen.)

6 Die Suppe in den Topf geben, die Sahne einrühren und bei geringer Hitze 5–10 Minuten durchwärmen. Abschmecken, auf Teller verteilen und mit Schnittlauchröllchen garniert servieren.

Süßkartoffelsuppe mit Blauschimmelkäse

Zutaten

FÜR 4 PERSONEN

4 EL Butter
1 große Zwiebel, gehackt
2 Porreestangen, in Ringen
200 g Süßkartoffeln, gewürfelt
850 ml Gemüsebrühe
1 EL frisch gehackte Petersilie
1 Lorbeerblatt
Pfeffer
150 g Schlagsahne
150 g Blauschimmelkäse, zerbröckelt, plus 2 EL mehr zum Garnieren
Baguette, in dicken Scheiben, zum Servieren

Zubereitung

1 Die Butter bei mittlerer Hitze in einem großen Topf zerlassen. Zwiebel und Porree zufügen und 3 Minuten unter Rühren weich dünsten. Dann die Süßkartoffeln zugeben. Das Gemüse weitere 5 Minuten dünsten, dann die Brühe zugießen, Petersilie und Lorbeerblatt einrühren und mit Pfeffer würzen. Die Suppe aufkochen, dann die Hitze reduzieren, den Topf abdecken und die Suppe etwa 30 Minuten köcheln lassen. Anschließend den Topf vom Herd nehmen. Die Suppe 10 Minuten abkühlen lassen und das Lorbeerblatt entfernen.

2 Die Hälfte der Suppe im Mixer glatt pürieren. Die pürierte Suppe in den Topf zurückgießen, die Sahne einrühren und alles weitere 5 Minuten kochen. Dann nach und nach den Käse einrühren und erwärmen, bis er geschmolzen ist – die Suppe darf dabei nicht mehr kochen.

3 Die Suppe von Herd nehmen und auf Suppenteller verteilen. Die einzelnen Portionen mit ein paar Käsekrümeln garnieren und mit frischen Baguettescheiben servieren.

Süßkartoffelsuppe mit Apfel & Porree

Zutaten

FÜR 6 PERSONEN

1 EL Butter

3 Porreestangen, in feinen Ringen

1 große Karotte, in dünnen Scheiben

600 g Süßkartoffeln, geschält und gewürfelt

2 große säuerliche Tafeläpfel, geschält, entkernt und gewürfelt

1,25 l Wasser

Salz und Pfeffer

frisch geriebene Muskatnuss

250 ml Apfelsaft

200 g Schlagsahne oder Kondensmilch

frische Schnittlauchröllchen oder Koriandergrün, zum Garnieren

Zubereitung

1 Die Butter in einem großen Topf bei mittlerer Hitze zerlassen. Porree zugeben, den Deckel auflegen und 6–8 Minuten weich dünsten. Dabei häufig umrühren.

2 Karotte, Süßkartoffeln, Äpfel und Wasser zugeben. Mit Salz, Pfeffer und Muskatnuss würzen und aufkochen. Die Hitze reduzieren und bei geschlossenem Deckel 20 Minuten köcheln lassen, bis das Gemüse weich ist. Gelegentlich umrühren.

3 Die Suppe etwas abkühlen lassen und anschließend portionsweise im Mixer oder mit dem Pürierstab glatt pürieren (zum Pürieren in der Küchenmaschine die Kochflüssigkeit abgießen und auffangen. Die Feststoffe mit etwas Flüssigkeit zerkleinern. Danach wieder mit der Restflüssigkeit vermischen).

4 Die Suppe zurück in den Topf geben, den Apfelsaft einrühren und bei geringer Hitze etwa 10 Minuten durchwärmen.

5 Sahne oder Kondensmilch zugießen und etwa 5 Minuten unter häufigem Rühren leicht köcheln lassen, bis die Suppe heiß ist. Erneut mit Salz und Pfeffer abschmecken.

6 Die fertige Suppe auf vorgewärmte Teller verteilen, mit Schnittlauch oder Koriander garnieren und sofort servieren.

Goldene Kartoffelsuppe

Zutaten

FÜR 4 PERSONEN

50 g Porree (nur die weißen Teile)
50 g Stangensellerie
100 g Kartoffeln
200 g Süßkartoffeln
75 g Zwiebeln, fein gehackt
2 Knoblauchzehen, in dünnen Scheiben
1 Prise Kurkuma
1 Prise Muskatblüte
2 Lorbeerblätter
1 l Gemüsebrühe
100 g gelbe Paprika, gehäutet und gehackt
1 EL Zucker
2 TL Zitronensaft
Fladenbrot, zum Servieren

Garnierung

1 TL Pflanzenöl
40 g frische Maiskörner, gekocht
1/2 TL Tabascosauce

Zubereitung

1 Porree, Sellerie, Kartoffeln und Süßkartoffeln in 1 cm große Stücke schneiden. Zwiebeln, Knoblauch, Porree und Sellerie in einen großen Topf geben und bei mittlerer Hitze unter Rühren 5 Minuten weich dünsten, aber nicht bräunen.

2 Kartoffeln, Süßkartoffeln, Kurkuma, Muskatblüte und Lorbeerblätter einrühren. Dann die Brühe zugießen. Die Flüssigkeit aufkochen, dann die Hitze reduzieren, den Topf abdecken und die Suppe 20 Minuten köcheln lassen, bis das Gemüse gar ist.

3 Unterdessen das Öl für die Garnierung in einer Pfanne erhitzen. Den Mais zufügen und goldbraun anbraten. Die Pfanne vom Herd nehmen, die Tabascosauce unterrühren und beiseitestellen.

4 Die Lorbeerblätter aus der Suppe entfernen. Paprika, Zucker und Zitronensaft einrühren und die Suppe mit dem Pürierstab oder im Mixer glatt pürieren.

5 Die fertige Suppe in vorgewärmte Suppenschalen füllen, mit den gebratenen Maiskörnern garnieren und mit Fladenbrot servieren.

Exotische Suppe mit Harissa

Zutaten

FÜR 6 PERSONEN

2 Auberginen
3 EL natives Olivenöl extra
6 kleine Lammkeulen
1 kleine Zwiebel, gehackt
500 ml Hühnerbrühe
2 l Wasser
500 g Süßkartoffeln, in Stücken
5-cm-Stück Zimtstange
1 TL gemahlener Kreuzkümmel
2 EL frisch gehackter Koriander

Harissa

2 rote Paprika, geröstet, enthäutet, entkernt und gehackt
1/2 TL Koriandersamen, trocken geröstet
25 g frische rote Chillies, gehackt
2 Knoblauchzehen, gehackt
2 TL Kümmel
natives Olivenöl extra
Salz

Zubereitung

1 Den Backofen auf 200 °C vorheizen. Die Auberginen mit einer Gabel einstechen, auf ein Backblech legen und 1 Stunde im Backofen garen. Abkühlen lassen und enthäuten.

2 Das Öl in einem Topf erhitzen. Die Lammkeulen hineingeben und braun braten. Zwiebel, Hühnerbrühe und Wasser zugeben. Aufkochen, dann die Hitze reduzieren und alles 1 Stunde köcheln lassen.

3 Für die Harissa Paprika, Koriandersamen, Chillies, Knoblauch und Kümmel in der Küchenmaschine vermengen. Dabei so viel Öl zugeben, dass eine zähe Paste entsteht. Mit Salz abschmecken und in ein Schraubglas füllen. Mit Öl bedecken, verschließen und kühl stellen.

4 Das Fleisch aus der Brühe nehmen, entbeinen und in Stücke schneiden. Süßkartoffeln, Zimtstange und Kreuzkümmel in die Brühe geben, aufkochen und abgedeckt 20 Minuten köcheln lassen. Dann die Zimtstange entfernen und die Suppe mit den Auberginen in der Küchenmaschine pürieren. Das Püree in den Topf geben, Lammfleisch und Koriander zufügen und erhitzen. Mit der Harissa servieren.

Indische Kartoffel-Erbsen-Suppe

Zutaten

FÜR 4 PERSONEN

2 EL Pflanzenöl
250 g mehlig kochende Kartoffeln, gewürfelt
1 große Zwiebel, gehackt
2 Knoblauchzehen, zerdrückt
1 TL Garam Masala
1 TL gemahlener Koriander
1 TL gemahlener Kreuzkümmel
1 l Gemüsebrühe
1 rote Chili, gehackt
100 g Erbsen, Tiefkühlware aufgetaut
4 EL Naturjoghurt
Salz und Pfeffer
frisch gehackter Koriander, zum Garnieren
warmes Brot, zum Servieren

Zubereitung

1 Das Öl in einem großen Topf erhitzen, dann Kartoffeln, Zwiebel und Knoblauch zugeben und alles etwa 5 Minuten unter ständigem Rühren andünsten.

2 Die Gewürze zugeben und 1 weitere Minute dünsten, dabei umrühren.

3 Gemüsebrühe zugießen, Chili zugeben und aufkochen. Die Hitze reduzieren und abgedeckt 20 Minuten köcheln lassen, bis die Kartoffeln zu zerfallen beginnen.

4 Die Erbsen zufügen und die Suppe weitere 5 Minuten köcheln lassen, dann den Joghurt einrühren. Mit Salz und Pfeffer abschmecken.

5 Die Suppe auf vorgewärmte Teller verteilen und mit Koriander garnieren. Sofort servieren und warmes Brot dazu reichen.

Kartoffel-Karotten-Suppe

Zutaten

FÜR 4–6 PERSONEN

3 EL Butter oder Margarine
1 große Zwiebel, gewürfelt
1–2 Knoblauchzehen, zerdrückt
350 g Karotten, in Scheiben
1 l Hühner- oder Gemüsebrühe
3/4 TL gemahlener Kreuzkümmel
2 Selleriestangen, in feinen Scheiben
250 g Kartoffeln, gewürfelt
2 TL Tomatenmark
2 TL Zitronensaft
2 frische oder getrocknete Lorbeerblätter
Salz und Pfeffer
300 ml Magermilch
Sellerieblätter, zum Garnieren

Zubereitung

1 Butter oder Margarine in einem großen Topf zerlassen. Zwiebel und Knoblauch darin bei schwacher Hitze unter Rühren weich dünsten.

2 Karotten zugeben und unter gelegentlichem Rühren bei schwacher Hitze 5 Minuten mitdünsten.

3 Brühe, Kreuzkümmel, Sellerie, Kartoffeln, Tomatenmark, Zitronensaft und Lorbeerblätter zugeben. Mit Salz und Pfeffer abschmecken. Kurz aufkochen und dann zugedeckt etwa 30 Minuten köcheln lassen, bis das Gemüse weich ist.

4 Vom Herd nehmen. Lorbeerblätter herausnehmen und die Suppe etwas abkühlen lassen. Dann durch ein Sieb streichen oder in der Küchenmaschine pürieren.

5 Die Suppe in einen sauberen Topf geben, die Milch zugießen und unter Rühren vorsichtig aufkochen. Noch einmal abschmecken.

6 Auf vorgewärmte Suppenteller verteilen, mit je 1 Sellerieblatt garnieren und servieren.

Minestrone

Zutaten

FÜR 6 PERSONEN

2 frische Basilikumzweige
2 frische Majoranzweige
2 frische Thymianzweige
2 EL natives Olivenöl extra
2 Zwiebeln, gehackt
2 Knoblauchzehen, gehackt
4 Tomaten, gehäutet und gewürfelt
125 ml Rotwein
1,75 l Gemüsebrühe
125 g weiße Bohnen, über Nacht in kaltem Wasser eingeweicht, dann abgetropft
2 Karotten, gewürfelt
2 Kartoffeln, gewürfelt
1 kleine Steckrübe, gewürfelt
1 Selleriestange, klein geschnitten
1/4 Weißkohl, gehobelt
60 g getrocknete Stellette oder andere Suppennudeln
Salz und Pfeffer
2 EL frisch geriebener Parmesan, plus etwas mehr zum Servieren

Zubereitung

1 Basilikum, Majoran und Thymian hacken und bis zur Verwendung beiseitestellen. Das Öl in einem großen Topf erhitzen. Die Zwiebeln zugeben und unter gelegentlichem Rühren 5 Minuten weich dünsten. Den Knoblauch zufügen und weitere 3 Minuten garen. Tomaten und beiseitegestellte Kräuter unterrühren.

2 Den Wein zugießen und gut unterrühren. 1–2 Minuten köcheln lassen, dann Brühe und abgetropfte Bohnen zugeben und aufkochen. Die Hitze reduzieren, den Topf halb abdecken und die Suppe 90 Minuten köcheln lassen.

3 Karotten, Kartoffeln und Steckrübe zugeben, abdecken und 15 Minuten köcheln lassen. Sellerie, Kohl und Pasta zugeben, abdecken und weitere 10 Minuten köcheln lassen. Mit Salz und Pfeffer abschmecken und den Parmesan unterrühren. In vorgewärmte Schälchen schöpfen und mit etwas Parmesan bestreut servieren.

Dicke-Bohnen-Suppe

Zutaten

FÜR 4 PERSONEN

2 EL natives Olivenöl extra

1 rote Zwiebel, klein gehackt

2 Knoblauchzehen, zerdrückt

500 g Kartoffeln, gewürfelt

500 g dicke Bohnen, geschält

1 l Gemüsebrühe

2 EL frisch gehackte Minze

Garnierung

Naturjoghurt

frische Minzezweige

Zubereitung

1 Das Olivenöl in einem großen Topf erhitzen, Zwiebel und Knoblauch darin 2–3 Minuten andünsten, bis sie weich und glasig sind.

2 Die Kartoffeln zufügen und 4 Minuten unter häufigem Rühren mitkochen.

3 Bohnen und Gemüsebrühe zugeben, bei geschlossenem Topf etwa 30 Minuten köcheln lassen, bis die Bohnen und Kartoffeln weich sind.

4 Etwas Gemüse mit einem Schaumlöffel heraus nehmen und beiseitestellen. Die übrige Suppe in der Küchenmaschine glatt pürieren.

5 Die Suppe in einen sauberen Topf füllen und beiseitegestelltes Gemüse und die Minze zugeben. Unter behutsamem Rühren langsam erhitzen.

6 Die Suppe auf Teller verteilen. Mit Joghurttupfern und Minze garnieren und sofort servieren.

Brunnenkressesuppe

Zutaten

FÜR 4 PERSONEN

200 g Brunnenkresse (etwa 2 Bund)
3 EL Butter
2 Zwiebeln, gehackt
250 g Kartoffeln, grob gehackt
1,25 l Gemüsebrühe oder Wasser
Salz und Pfeffer
frisch geriebene Muskatnuss (nach Belieben)
125 g Crème fraîche, Joghurt oder saure Sahne

Zubereitung

1 Die Stängel der Brunnenkresse von den Blättern abschneiden und grob hacken. Die Blätter beiseitestellen.

2 Die Butter bei mittlerer Hitze in einem großen Topf zerlassen. Die Zwiebel zufügen und 4–5 Minuten weich dünsten, aber nicht bräunen.

3 Die Kartoffeln zufügen und gründlich mit den Zwiebeln vermengen, dann die Kressestängel einrühren und Brühe oder Wasser zugießen. Aufkochen, dann die Hitze reduzieren, den Topf abdecken und die Suppe 15–20 Minuten köcheln lassen, bis die Kartoffeln gar sind.

4 Die Kresseblätter einrühren und alles gründlich erwärmen. Dann die Suppe vom Herd nehmen und mit dem Pürierstab oder im Mixer pürieren. Anschließend erneut erwärmen und mit Salz und Pfeffer sowie nach Belieben mit Muskatnuss abschmecken.

5 Die fertige Suppe in vorgewärmte Schalen füllen und jeweils mit einem Klacks Crème fraîche, Joghurt oder saurer Sahne garniert servieren.

Grüne Linsensuppe mit Kartoffeln

Zutaten

FÜR 5 PERSONEN

300 g grüne Linsen
2 TL Butter
1 große Zwiebel, fein gehackt
2 Karotten, fein gehackt
1 Knoblauchzehe, fein gehackt
500 ml Wasser
1 Lorbeerblatt
1/4 TL getrockneter Salbei oder Rosmarin
500 ml Hühnerbrühe
250 g Kartoffeln, gewürfelt
1 EL Tomatenmark
125 g geräucherter Schinken, fein gewürfelt
Salz und Pfeffer
frisch gehackte Petersilie, zum Garnieren

Zubereitung

1 Die Linsen abspülen und verlesen, dabei eventuell vorhandene Steinchen entfernen.

2 Die Butter in einem großen Topf oder einer feuerfesten Kasserolle bei mittlerer Hitze zerlassen. Zwiebel, Karotten und Knoblauch zugeben, den Deckel auflegen und 4–5 Minuten garen, bis das Gemüse weich wird. Dabei gelegentlich umrühren.

3 Die Linsen mit dem Wasser, Lorbeerblatt und Salbei oder Rosmarin zum Gemüse geben. Aufkochen, dann die Hitze reduzieren und 10 Minuten köcheln lassen.

4 Brühe, Kartoffeln, Tomatenmark und Schinken zugeben. Erneut zum Kochen bringen, den Deckel auflegen und weitere 25–30 Minuten köcheln lassen.

5 Mit Salz und Pfeffer abschmecken und das Lorbeerblatt entfernen. Auf Suppenteller verteilen, mit Petersilie garnieren und servieren.

Hähnchen-Kartoffel-Suppe mit Speck

Zutaten

FÜR 4 PERSONEN

1 EL Butter
2 Knoblauchzehen
1 Zwiebel, in Ringen
250 g magerer geräucherter Speck, gehackt
2 große Porreestangen, in Ringen
2 EL Mehl
1 l Hühnerbrühe
800 g Kartoffeln, gehackt
200 g Hähnchenbrustfilet, gehackt
Salz und Pfeffer
4 EL Schlagsahne
gebratener Frühstücksspeck, gehackt, zum Garnieren
frische, knusprige Brötchen, zum Servieren

Zubereitung

1 Die Butter bei mittlerer Hitze in einem großen Topf zerlassen. Knoblauch und Zwiebel darin 3 Minuten unter Rühren dünsten. Anschließend Speck und Porree zufügen und alles weitere 3 Minuten dünsten.

2 Das Mehl in einer kleinen Schale mit so viel Hühnerbrühe verrühren, dass eine glatte Paste entsteht. Diese in den Topf geben und 2 Minuten anschwitzen. Dann die restliche Brühe zugießen und Kartoffeln sowie Hähnchenfleisch zufügen. Mit Salz und Pfeffer würzen, aufkochen, dann die Hitze reduzieren und die Suppe 25 Minuten köcheln lassen, bis das Fleisch und die Kartoffeln gar sind.

3 Die Sahne einrühren und die Suppe weitere 2 Minuten kochen. Dann vom Herd nehmen. Die fertige Suppe auf Suppenteller verteilen, mit Frühstücksspeck garnieren und mit frischen, knusprigen Brötchen servieren.

Gemüsesuppe mit Räucherfisch

Zutaten

FÜR 4 PERSONEN

25 g Butter

1 Zwiebel, fein gehackt

1 kleine Selleriestange, fein gewürfelt

250 g Kartoffeln, gewürfelt

60 g Karotten, gewürfelt

300 ml kochendes Wasser

Salz und Pfeffer

350 g geräuchertes Kabeljaufilet ohne Haut, grob gewürfelt

300 ml Milch

Zubereitung

1 Die Butter in einem großen Topf bei schwacher Hitze zerlassen. Zwiebel und Sellerie darin unter häufigem Rühren 5 Minuten weich andünsten, aber nicht bräunen.

2 Kartoffeln, Karotten und Wasser sowie Salz und Pfeffer nach Geschmack zugeben. Die Suppe aufkochen, dann bei reduzierter Hitze 10 Minuten köcheln lassen, bis das Gemüse weich ist. Die Fischwürfel zugeben und weitere 10 Minuten mitköcheln lassen.

3 Die Milch zugießen und langsam miterwärmen. Die Suppe noch einmal abschmecken und heiß servieren.

Kabeljau-Süßkartoffel-Suppe

Zutaten

FÜR 4 PERSONEN

4 EL Zitronensaft
1 rote Chili, entkernt und in feinen Ringen
1 Prise Muskatnuss
250 g Kabeljaufilet ohne Haut
1 EL Pflanzenöl
1 Zwiebel, gehackt
4 Frühlingszwiebeln, gehackt
2 Knoblauchzehen, gehackt
500 g Süßkartoffeln, gewürfelt
1 l Gemüsebrühe
Salz und Pfeffer
1 Karotte, in Scheiben
150 g Weißkohl, in Streifen
2 Selleriestangen, in Ringen
knuspriges Brot, zum Servieren

Zubereitung

1 Zitronensaft, Chili und Muskatnuss in einer flachen, nicht metallenen Schüssel vermengen. Den Kabeljau grob würfeln, in die Marinade geben und gründlich darin wenden. Mit Frischhaltefolie abgedeckt 30 Minuten im Kühlschrank marinieren.

2 Das Öl in einem großen Topf auf mittlerer Stufe erhitzen. Zwiebel und Frühlingszwiebeln darin unter Rühren 4 Minuten andünsten. Den Knoblauch zugeben und unter Rühren weitere 2 Minuten mitdünsten.

3 Süßkartoffeln, Brühe, Salz und Pfeffer zugeben. Aufkochen, dann bei reduzierter Hitze zugedeckt 10 Minuten köcheln lassen. Karotte, Kohl und Sellerie zugeben, abschmecken und weitere 8–10 Minuten köcheln lassen.

4 Die Suppe etwas abkühlen lassen, dann in der Küchenmaschine, gegebenenfalls portionsweise, pürieren. Zurück in den Topf geben, Fisch mit der Marinade zugeben, kurz aufkochen, dann bei reduzierter Hitze 10 Minuten köcheln lassen. Suppe in tiefe Teller füllen und mit knusprigem Brot servieren.

Bretonische Fischsuppe

Zutaten

FÜR 4 PERSONEN

2 EL Butter
1 Porreestange, in dünnen Ringen
2 Schalotten, fein gehackt
125 ml herber Cidre (brut)
300 ml Fischfond
250 g Kartoffeln, gewürfelt
1 Lorbeerblatt
Salz und Pfeffer
4 EL Mehl
200 ml Milch
200 g Crème double
60 g Sauerampferblätter
350 g weißes Fischfilet ohne Haut (z. B. Kabeljau oder Seeteufel), in 2,5 cm großen Stücken

Zubereitung

1 Die Butter in einem großen Topf bei mittlerer Hitze zerlassen. Porree und Schalotten darin 5 Minuten unter Rühren weich dünsten. Cidre zugießen und aufkochen.

2 Fond, Kartoffeln und Lorbeerblatt zugeben. Nach Geschmack salzen. Aufkochen, die Hitze reduzieren, die Suppe abdecken und 10 Minuten köcheln lassen.

3 Inzwischen das Mehl in einer Schüssel mit etwas Milch zu einer dicken Paste verrühren. So viel Milch unter Rühren zufügen, dass eine glatte Masse entsteht. Diese in die Suppe geben und alles unter ständigem Rühren 5 Minuten köcheln lassen. Die restliche Milch und die Hälfte der Crème double unterrühren. Weitere 10 Minuten köcheln lassen, bis die Kartoffeln gar sind.

4 Den Sauerampfer fein hacken und mit der restlichen Crème double vermengen (im Mixer: Zuerst den Sauerampfer hacken, dann die Crème double zufügen und beides kurz verrühren).

5 Die Sauerampfercreme in die Suppe rühren und den Fisch zugeben. Unter gelegentlichem Rühren 3 Minuten köcheln lassen, bis der Seeteufel fest wird oder der Kabeljau zu zerfallen beginnt. Die fertige Suppe abschmecken und auf vorgewärmte Teller füllen.

Bouillabaisse

Zutaten

FÜR 6 PERSONEN

450 g Garnelen, roh und ungeschält
750 g festes, weißes Fischfilet, z. B. Barsch, Schnapper oder Seeteufel
4 EL natives Olivenöl extra
abgeriebene Schale von 1 Orange
1 große Knoblauchzehe, fein gehackt
1/2 TL Chilipaste oder Harissa
1 große Porreestange, in Ringen
1 Zwiebel, in Ringen
1 rote Paprika, geputzt, entkernt und in Streifen
4 Tomaten, entkernt, halbiert
4 Knoblauchzehen, in Scheiben
1 Lorbeerblatt
1 Msp. Safran
1/2 TL Fenchelsamen
600 ml Wasser
1,25 l Fischfond
1 Fenchelknolle, fein gehackt
1 große Zwiebel, fein gehackt
250 g Kartoffeln, halbiert und in dünnen Scheiben
250 g Kammmuscheln
Salz und Pfeffer
geröstete Baguettescheiben und Aïoli, zum Servieren

Zubereitung

1 Die Garnelen schälen, die Schalen aufbewahren. Den Fisch in 5 cm große Stücke schneiden. Alle Teile aufbewahren. Fisch und Garnelen mit 2 Esslöffeln Olivenöl, Orangenschale, Knoblauch und Chilipaste in eine Schüssel geben. In der Marinade wenden, abdecken und in den Kühlschrank stellen.

2 In einem großen Topf 1 Esslöffel Olivenöl bei mittlerer Hitze erwärmen. Porree, Zwiebel und Paprika darin unter häufigem Rühren 5 Minuten dünsten. Tomaten, Knoblauch, Lorbeerblatt, Safran, Fenchelsamen, Garnelenschalen, Wasser und Fischfond zugeben und aufkochen. Die Hitze reduzieren und alles abgedeckt 30 Minuten köcheln lassen.

3 Das restliche Olivenöl in einem großen Topf erhitzen. Fenchel und Zwiebel darin 4–5 Minuten unter Rühren dünsten. Das gekochte Gemüse samt Brühe sowie die Kartoffeln zugeben und aufkochen. Hitze reduzieren und abgedeckt 12–15 Minuten köcheln lassen, bis die Kartoffeln gerade gar sind. Die Hitze weiter reduzieren, bis die Suppe nur schwach köchelt. Zuerst die dickeren Fischstücke zufügen, nach 2–3 Minuten die dünneren. Garnelen und Muscheln zugeben und ziehen lassen, bis alle Meeresfrüchte gar sind.

4 Die Suppe mit Salz und Pfeffer abschmecken und auf Teller verteilen. Dazu die gerösteten Baguettescheiben mit Aïoli servieren.

Schellfisch-Kartoffel-Suppe

Zutaten

FÜR 4 PERSONEN

2 EL Butter
1 Zwiebel, gehackt
1 Porreestange, gehackt
2 EL Mehl
1 l Milch
1 Lorbeerblatt
2 EL frisch gehackte Petersilie, plus etwas mehr zum Garnieren
Salz und Pfeffer
350 g geräuchertes Schellfischfilet ohne Haut
500 g Kartoffeln, gekocht und gestampft
6 EL Crème double

Zum Servieren

knusprige Brötchen
grüner Salat

Zubereitung

1 Die Butter in einem großen Topf bei mittlerer Hitze zerlassen. Zwiebel und Porree darin unter Rühren 3 Minuten weich dünsten. Das Mehl mit etwas Milch zu einer glatten Paste verrühren, in den Topf geben, 2 Minuten unter Rühren anschwitzen, dann nach und nach die übrige Milch unterrühren. Lorbeerblatt und Petersilie zugeben. Suppe mit Salz und Pfeffer abschmecken, aufkochen, dann bei reduzierter Hitze 15 Minuten köcheln lassen.

2 Fischfilets unter fließend kaltem Wasser abspülen, abtropfen lassen und in mundgerechte Würfel schneiden. Fischwürfel in die Suppe geben und 15 Minuten mitköcheln lassen, bis der Fisch gerade gar und zart ist. Die gestampften Kartoffeln und die Crème double unterrühren und 2–3 Minuten mitköcheln lassen. Dann die Suppe vom Herd nehmen und das Lorbeerblatt entfernen.

3 Die Suppe in vorgewärmte Suppenteller geben, mit gehackter Petersilie garnieren und mit Brötchen und Salat servieren.

Venusmuschel-Chowder

Zutaten

FÜR 4 PERSONEN

2 TL Pflanzenöl
125 g durchwachsener Speck ohne Schwarte, gewürfelt
25 g Butter
1 Zwiebel, gewürfelt
2 Selleriestangen, in Scheiben
2 Kartoffeln, gewürfelt
Salz und Pfeffer
2 Porreestangen, in Ringen
450 g gehackte Tomaten aus der Dose
3 EL frisch gehackte Petersilie
1,25 l Fischfond
600 g Venusmuscheln aus der Dose, abgespült und abgetropft

Zubereitung

1 Das Öl in einem Topf erhitzen. Den Speck darin bei mittlerer Hitze etwa 5 Minuten unter Rühren anbraten, bis das Fett austritt und der Speck knusprig wird. Aus dem Topf nehmen, auf Küchenpapier abtropfen lassen und beiseitestellen.

2 Die Butter in den Topf geben und unter Rühren zerlassen. Zwiebel, Sellerie, Kartoffeln und 1 Prise Salz zufügen. Den Topf abdecken und das Gemüse bei geringer Hitze 10 Minuten unter gelegentlichem Rühren dünsten.

3 Porree, Tomaten sowie 2 Esslöffel Petersilie einrühren. Den Fond zugießen, zum Kochen bringen, dann die Hitze reduzieren und die Suppe 10–15 Minuten köcheln lassen, bis das Gemüse gar ist. Mit Salz und Pfeffer abschmecken und die Muscheln einrühren. Erneut 2–3 Minuten erhitzen, dann die Suppe auf Teller verteilen, mit der restlichen Petersilie und dem knusprigen Speck garnieren.

Salate

Zimmerwarm oder auch kalt entwickeln Kartoffeln ein ganz besonderes Aroma: Sie schmecken viel intensiver als in heißem Zustand, und durch ihre bissfeste Struktur passen sie hervorragend zu frischen Dressings und anderen Salatzutaten.

Ein echter Klassiker unter den internationalen Kartoffelsalaten ist der französische *Salade Niçoise,* ein Appetit anregendes Ensemble kleiner neuer Kartoffeln, grüner Bohnen, hart gekochter Eier, knackiger Salatblätter, saftiger Tomaten, Oliven und Sardellen, gekrönt von köstlichem Thunfisch – dieser sollte idealerweise frisch sein, aber auch mit Thunfisch aus der Dose schmeckt der Salat einfach köstlich. Eine Variante dieses französischen Klassikers ist der *Russische Salat,* der paradoxerweise auch gern in spanischen Tapasbars serviert wird.

Mehlig kochende Kartoffeln harmonieren ausgezeichnet mit indischen Gewürzen und Joghurtsaucen, da sie deren Aroma besonders gut aufnehmen. Das gilt auch für den *Indischen Kartoffelsalat,* dessen Schärfe die kühlende Süße frischer Mangos ausgleicht, während kurz gegarter Brokkoli viel Farbe und leichten Biss ins Spiel bringt. Eine beeindruckende Bereicherung für ein sommerliches Buffet ist der *Chinesische Salat in Kartoffelnestern,* die aus frittierten Kartoffelstreifen bestehen.

Cremiger Kartoffelsalat

Zutaten

FÜR 4 PERSONEN

700 g kleine neue Kartoffeln
8 Frühlingszwiebeln
1 Ei, hart gekocht (nach Belieben)
250 ml fettreduzierte Mayonnaise
1 TL Paprikapulver
Salz und Pfeffer

Garnierung
2 EL Schnittlauchröllchen
1 Prise Paprikapulver

Zubereitung

1 Die Kartoffeln in sprudelndem Salzwasser 10–15 Minuten gar kochen. Dann in einem Sieb gut abtropfen und unter kaltem Wasser vollständig abkühlen lassen. Erneut gründlich abtropfen lassen, in eine Schüssel geben und beiseitestellen.

2 Die Frühlingszwiebeln putzen und mit einem scharfen Messer diagonal in dünne Ringe schneiden. Sofern gewünscht, das Ei in kleine Würfel schneiden.

3 In einer Schüssel Mayonnaise und Paprika verrühren und mit Salz und Pfeffer abschmecken. Das Dressing über die Kartoffeln geben. Frühlingszwiebeln und Ei hinzufügen und gut vermengen.

4 Den Kartoffelsalat in eine Salatschüssel geben, mit Schnittlauch und Paprika bestreuen, abdecken und kalt stellen.

Indischer Kartoffelsalat

Zutaten

FÜR 4 PERSONEN

1 kg mehlig kochende Kartoffeln
100 g kleine Brokkoliröschen
1 kleine Mango, gewürfelt
4 Frühlingszwiebeln, in Ringen
Salz und Pfeffer
warmes Papadam-Brot oder Fladenbrot, zum Servieren

Dressing

1/2 TL gemahlener Kreuzkümmel
1/2 TL gemahlener Koriander
1 EL Mango-Chutney
200 g Naturjoghurt
1 TL frisch gehackte Ingwerwurzel
2 EL frisch gehackter Koriander

Zubereitung

1 Die Kartoffeln in Würfel schneiden und in kochendem Wasser 10 Minuten garen. Abgießen und in eine Schüssel geben.

2 Unterdessen die Brokkoliröschen in kochendem Wasser 2 Minuten blanchieren. Mit einem Schaumlöffel heraus heben und zu den Kartoffeln geben.

3 Mango und Frühlingszwiebeln in die abgekühlte Kartoffelmischung geben. Mit Salz und Pfeffer abschmecken und gut vermengen.

4 Die Zutaten für das Dressing in einer Schüssel gut verrühren. Das Dressing über den Salat gießen und vorsichtig unterheben, damit Kartoffeln und Brokkoli nicht zerfallen.

5 Sofort servieren. Warmes indisches Papadam-Brot oder Fladenbrot dazu reichen.

Chinesischer Salat in Kartoffelnestern

Zutaten

FÜR 4 PERSONEN

Kartoffelnester

500 g mehlig kochende Kartoffeln, gerieben
125 g Speisestärke
Pflanzenöl, zum Frittieren
frischer Schnittlauch, zum Garnieren

Salat

125 g Ananas, gewürfelt
1 grüne Paprika, in Streifen
1 Karotte, in dünnen Stiften
50 g Zuckererbsen, in dicken Streifen
4 Babymaiskolben, längs halbiert
25 g Bohnensprossen
2 Frühlingszwiebeln, in Ringen

Dressing

1 EL klarer Honig
1 TL helle Sojasauce
1 Knoblauchzehe, zerdrückt
1 TL Zitronensaft

Zubereitung

1 Für die Nester die geriebenen Kartoffeln mehrmals in kaltem Wasser ausspülen. Anschließend gut abtropfen lassen und mit Küchenpapier sorgfältig trocken tupfen, damit es, wenn die Nester später im Öl ausgebacken werden, nicht spritzt. Die Kartoffeln in eine Schale geben und mit der Speisestärke vermengen.

2 Einen Wok zur Hälfte mit Öl füllen und stark erhitzen. Ein Drahtsieb von 15 cm Durchmesser mit einem Viertel der Kartoffelmasse füllen und ein zweites, gleich großes Sieb aufdrücken, um ein Nest zu formen.

3 Die Siebe in das heiße Öl eintauchen und das Nest darin 2 Minuten ausbacken, bis es goldbraun und knusprig ist. Herausheben und abtropfen lassen. Für die restlichen 3 Nester ebenso verfahren.

4 Die Zutaten für den Salat in einer Schüssel gut vermengen und in die Nester füllen. Die Zutaten für das Dressing in einer Schüssel verrühren und über den Salat gießen. Mit dem Schnittlauch garnieren und sofort servieren.

Kartoffelsalat mit Kräutern

Zutaten

FÜR 4 PERSONEN

500 g neue Kartoffeln
16 Kirschtomaten, halbiert
60 g schwarze Oliven, entsteint und grob gehackt
4 Frühlingszwiebeln, in dünnen Ringen
2 EL frisch gehackte Minze
2 EL frisch gehackte Petersilie
2 EL frisch gehackter Koriander
Saft von 1 Zitrone
3 EL natives Olivenöl extra
Salz und Pfeffer

Zubereitung

1 Die Kartoffeln etwa 15 Minuten in kochendem Salzwasser weich garen. Dann abgießen, leicht abkühlen lassen, pellen und je nach Größe halbieren oder vierteln. Anschließend in eine große Salatschüssel geben und mit Tomaten, Oliven, Frühlingszwiebeln und Kräutern mischen.

2 Zitronensaft und Öl in einer kleinen Schale mischen und über die Kartoffeln gießen. Den Salat noch einmal gut durchmischen und vor dem Servieren mit Salz und Pfeffer würzen.

Salat aus Grillkartoffeln

Zutaten

FÜR 4 PERSONEN

700 g neue Kartoffeln, gewaschen

3 EL natives Olivenöl extra

2 EL frisch gehackter Thymian

1 TL Paprikapulver

4 Scheiben Frühstücksspeck

Salz und Pfeffer

frische Petersilienzweige, zum Garnieren

Dressing

4 EL Mayonnaise

1 EL Knoblauchessig

2 Knoblauchzehen, zerdrückt

1 EL frisch gehackte Petersilie

Zubereitung

1 Die Kartoffeln in kochendem Wasser 10 Minuten garen. Abgießen, gut abtropfen lassen und in eine Schüssel füllen.

2 Olivenöl, Thymian und Paprikapulver mischen und über die warmen Kartoffeln geben.

3 Den Frühstücksspeck unter dem vorgeheizten Grill etwa 5 Minuten knusprig rösten. Dabei einmal wenden. Danach grob hacken und warm stellen.

4 Die Kartoffeln in eine Grillpfanne geben und 10 Minuten unter dem Grill rösten, dabei einmal wenden.

5 Die Zutaten für das Dressing in einer kleinen Schüssel gut mischen. Kartoffeln und Speck in eine Salatschüssel geben und mit Salz und Pfeffer abschmecken.

6 Das Dressing über die Kartoffelmischung gießen, den Salat mit Petersilie garnieren und sofort servieren oder abkühlen lassen und kalt servieren.

Süßkartoffelsalat mit Banane

Zutaten

FÜR 4 PERSONEN

500 g Süßkartoffeln, gewürfelt
50 g Butter
1 EL Zitronensaft
1 Knoblauchzehe, zerdrückt
1 rote Paprika, gewürfelt
1 grüne Paprika, gewürfelt
2 Bananen, in dicken Scheiben
2 dicke Scheiben Weißbrot ohne Kruste, gewürfelt
Salz und Pfeffer

Dressing

2 EL klarer Honig
2 EL natives Olivenöl extra
2 EL Zitronensaft
2 EL frisch gehackter Schnittlauch

Zubereitung

1 Die Süßkartoffeln in kochendem Wasser 10–15 Minuten garen. Abgießen, abtropfen lassen und beiseitestellen.

2 Unterdessen die Butter in einer Pfanne zerlassen. Zitronensaft, Knoblauch und Paprika zugeben und unter Rühren 3 Minuten dünsten. Die Banane zufügen und 1 weitere Minute dünsten. Gemüse und Banane mit einem Schaumlöffel herausheben und unter die Kartoffeln mischen.

3 Die Brotwürfel in die Pfanne geben und unter Rühren 2 Minuten rösten, bis sie von allen Seiten goldbraun sind.

4 Die Zutaten für das Dressing in einem Topf erwärmen, bis der Honig ganz flüssig geworden ist.

5 Die Kartoffelmischung in eine Salatschüssel geben und mit Salz und Pfeffer abschmecken. Das Dressing zugießen, gut verrühren und den Salat mit den Croûtons bestreuen. Sofort servieren.

Kartoffelsalat mit Apfel & Rucola

Zutaten

FÜR 4 PERSONEN

600 g ungeschälte Kartoffeln, in Scheiben

2 grüne Dessertäpfel, gewürfelt

1 TL Zitronensaft

25 g Walnusskerne, grob gehackt

125 g Ziegenkäse, gewürfelt

150 g Rucola

Salz und Pfeffer

Dressing

2 EL natives Olivenöl extra

1 EL Rotweinessig

1 TL klarer Honig

1 TL Fenchelsamen

Zubereitung

1 Die Kartoffeln in kochendem Wasser etwa 15 Minuten gar kochen. Abgießen und abkühlen lassen, danach in eine Schüssel geben.

2 Die Apfelwürfel in Zitronensaft wenden, abtropfen lassen und zu den Kartoffeln geben.

3 Nüsse, Käse und Rucola zufügen und alles gut vermengen.

4 Die Zutaten für das Dressing in einer kleinen Schüssel verrühren. Über den Salat gießen. Mit Salz und Pfeffer abschmecken und sofort servieren.

Kartoffel-Gemüse-Salat mit Zitrone

Zutaten

FÜR 4 PERSONEN

500 g kleine neue Kartoffeln, gewaschen
1 Karotte, in feinen Stiften
250 g Blumenkohlröschen
250 g Babymaiskolben, längs halbiert
200 g grüne Bohnen
200 g gekochter Schinken, gewürfelt
50 g Champignons, in Scheiben

Dressing

2 EL frisch gehackte Petersilie
150 ml Mayonnaise
150 g Naturjoghurt
4 TL Zitronensaft
abgeriebene Schale von 1 Zitrone
2 TL Fenchelsamen
Salz und Pfeffer

Zubereitung

1 Die Kartoffeln in kochendem Wasser 15 Minuten garen. Gründlich abgießen und abkühlen lassen, dann in dünne Scheiben schneiden.

2 In der Zwischenzeit Karotte, Blumenkohl, Mais und Bohnen 5 Minuten in kochendem Wasser blanchieren. Dann abgießen und abkühlen lassen.

3 Die Zutaten für das Dressing in einer kleinen Schüssel gut verrühren und mit Salz und Pfeffer abschmecken. 1 Teelöffel Petersilie zum Garnieren zurückbehalten.

4 Gemüse und Kartoffeln auf einer Salatplatte anrichten, Schinkenwürfel und Pilze zugeben. Das fertige Dressing über den Salat geben und mit der zurückbehaltenen Petersilie bestreuen. Sofort servieren.

Kartoffelsalat mit Radieschen & Gurken

Zutaten

FÜR 4 PERSONEN

500 g neue Kartoffeln, gewaschen und halbiert

$^1/_2$ kleine Salatgurke, in Scheiben

2 TL Salz

1 Bund Radieschen, in dünnen Scheiben

Dressing

1 EL Dijon-Senf

2 EL natives Olivenöl extra

1 EL Weißweinessig

2 EL gehackte Salatkräuter

Zubereitung

1 Die Kartoffeln in kochendem Wasser 15 Minuten garen. Abgießen und zum Abkühlen in eine Schüssel geben.

2 Unterdessen einen Teller mit den Salatgurkenscheiben auslegen und das Salz darüberstreuen. 30 Minuten stehen lassen, dann die Gurken unter kaltem Wasser abspülen und mit Küchenpapier trocken tupfen.

3 Eine Salatplatte mit den Gurken- und Radieschenscheiben auslegen und die Kartoffeln in die Mitte geben.

4 Die Zutaten für das Dressing in einer Schüssel verrühren. Den Salat mit dem Dressing bedecken. Vor dem Servieren in den Kühlschrank stellen und gut auskühlen lassen.

Kartoffel-Gurken-Salat mit Roter Bete

Zutaten

FÜR 4 PERSONEN

500 g fest kochende Kartoffeln
4 kleine Rote Bete, gekocht und in Scheiben geschnitten
1/2 kleine Salatgurke, in Scheiben
2 große Gewürzgurken, in Scheiben
1 rote Zwiebel, halbiert und in Ringen
frische Dillzweige, zum Garnieren

Dressing

1 Knoblauchzehe, zerdrückt
2 EL natives Olivenöl extra
2 EL Rotweinessig
2 EL frisch gehackter Dill
Salz und Pfeffer

Zubereitung

1 Die Kartoffeln würfeln und in kochendem Wasser 15 Minuten garen. Abgießen und zum Abkühlen in eine Schüssel geben. Danach mit der Roten Bete vermengen und zunächst beiseitestellen.

2 Eine Salatplatte mit Salat- und Gewürzgurkenscheiben sowie mit Zwiebelringen auslegen. Die Kartoffel-Rote-Bete-Mischung in die Mitte der angerichteten Salatplatte geben.

3 Die Zutaten für das Dressing in einer kleinen Schüssel gut verrühren und über den Salat geben.

4 Den Salat mit Dillzweigen garnieren und sofort servieren.

Kartoffelsalat mit italienischer Salami

Zutaten

FÜR 4 PERSONEN

500 g fest kochende Kartoffeln
1 Radicchio- oder Lollo-Rosso-Salat
1 grüne Paprika, in Streifen
175 g Salami, in Scheiben
1 rote Zwiebel, halbiert und in Ringen
125 g sonnengetrocknete Tomaten, in Streifen
2 EL frisch gehacktes Basilikum oder frisch gehackter Dill

Dressing

2 EL natives Olivenöl extra
1 EL Balsamico-Essig
1 TL Tomatenmark
Salz und Pfeffer

Zubereitung

1 Die Kartoffeln in kochendem Wasser 20 Minuten garen. Dann gründlich abgießen und zum Abkühlen in eine große Schüssel geben.

2 Den Salat waschen und mit Küchenpapier trocken tupfen. Dann eine große Servierplatte mit den Salatblättern auslegen.

3 Die abgekühlten Kartoffeln in Scheiben schneiden und abwechselnd mit Paprika, Salami, Zwiebel, Tomaten und Basilikum oder Dill auf die Salatblätter schichten.

4 Die Zutaten für das Dressing in einer kleinen Schüssel gut mischen. Über den Salat gießen und diesen sofort servieren.

Indonesischer Kartoffelsalat

Zutaten

FÜR 4 PERSONEN

1,25 kg fest kochende Kartoffeln

300 g frische Ananas, gewürfelt

2 Karotten, geraspelt

175 g Bohnensprossen

1 Bund Frühlingszwiebeln, in Ringen

1 große Zucchini, in feinen Stiften

3 Selleriestangen, in feinen Stiften

175 g ungesalzene Erdnüsse

2 Hähnchenbrustfilets (à 125 g), gekocht und in Streifen geschnitten

Dressing

6 EL grobe Erdnussbutter

6 EL natives Olivenöl extra

2 EL helle Sojasauce

1 rote Chili, gehackt

2 TL Sesamöl

4 TL Limettensaft

Zubereitung

1 Die Kartoffeln in kleine Würfel schneiden und in kochendem Wasser 10 Minuten weich garen. Abgießen und abkühlen lassen, dann in eine Salatschüssel geben.

2 Ananas, Karotten, Bohnensprossen, Frühlingszwiebeln, Zucchini, Sellerie, Erdnüsse und Hähnchenfleisch zu den Kartoffeln in die Salatschüssel geben und alles gut vermengen.

3 Für das Dressing die Erdnussbutter in eine kleine Schüssel geben. Nach und nach mit einer Gabel oder einem Schneebesen Olivenöl und Sojasauce einrühren. Chili, Sesamöl und Limettensaft zufügen und alles gründlich verrühren.

4 Das Dressing über den Salat gießen und sorgfältig verrühren, sodass alle Zutaten davon bedeckt sind. Sofort servieren.

Pikanter Kartoffel-Hähnchen-Salat

Zutaten

FÜR 4 PERSONEN

2 Hähnchenbrustfilets (à 125 g)
25 g Butter
1 rote Chili, gehackt
1 EL klarer Honig
1/2 TL gemahlener Kreuzkümmel
2 EL frisch gehackter Koriander
600 g Kartoffeln, gewürfelt
50 g dünne grüne Bohnen, halbiert
1 rote Paprika, in dünnen Streifen
2 Tomaten, gehäutet, entkernt und gewürfelt

Dressing

2 EL natives Olivenöl extra
1 Prise Chilipulver
1 EL Knoblauchessig
1 Prise Zucker
1 EL frisch gehackter Koriander

Zubereitung

1 Das Hähnchenfleisch in dünne Streifen schneiden. Die Butter bei mittlerer Hitze zerlassen. Fleisch, Chili, Honig und Kreuzkümmel zufügen und 10 Minuten bei mittlerer Hitze garen. Anschließend in eine Schüssel geben und abkühlen lassen, dann den Koriander einrühren.

2 Währenddessen die Kartoffeln in kochendem Wasser 15 Minuten garen. Abgießen und abkühlen lassen.

3 Die Bohnen in kochendem Wasser 3 Minuten blanchieren, abgießen und abkühlen lassen. Mit den Kartoffeln in eine große Schüssel geben und vermengen. Paprika und Tomaten zugeben, dann die Hähnchenfleisch-Mischung unterrühren.

4 Die Zutaten für das Dressing in einer kleinen Schüssel gut verrühren. Über den Salat gießen, gut unterheben und sofort servieren.

Russischer Salat

Zutaten

FÜR 2 PERSONEN

2 Eier
500 g kleine neue Kartoffeln, in Viertel geschnitten
125 g feine grüne Bohnen, in 2,5 cm langen Stücken
125 g Erbsen, Tiefkühlware aufgetaut
125 g Karotten, in 2,5 cm langen Streifen
200 g Thunfisch in Olivenöl, abgetropft und in Stücke zerpflückt
2 EL Zitronensaft
8 EL Mayonnaise
1 Knoblauchzehe, zerdrückt
Salz und Pfeffer
4 kleine Gewürzgurken, in Scheiben geschnitten
8 schwarze Oliven, entsteint, halbiert
1 EL Kapern
1 EL frisch gehackte glatte Petersilie
1 EL frisch gehackter Dill, plus einige Zweige zum Garnieren

Zubereitung

1 Die Eier in einem Topf mit Wasser bedecken und zum Kochen bringen. Die Hitze auf die kleinste Stufe reduzieren, den Topf abdecken und die Eier 10 Minuten köcheln lassen. Anschließend unter fließend kaltem Wasser abschrecken. Die Eischale vorsichtig anschlagen, damit sie bricht, und die Eier abkühlen lassen.

2 Inzwischen die Kartoffeln in Salzwasser zum Kochen bringen, dann bei reduzierter Hitze etwa 7 Minuten kochen. Sie sollten gerade weich sein. Die Bohnen und die Erbsen kurz mitkochen. Alles abgießen, unter kaltem Wasser abspülen, dann vollständig abkühlen lassen.

3 Die abgekühlten Kartoffeln, Bohnen und Erbsen in eine Schüssel geben. Karotten und Thunfisch zugeben und alles behutsam vermengen. In eine Salatschüssel geben.

4 In einem Becher den Zitronensaft unter die Mayonnaise rühren. Den Knoblauch unterrühren und mit Salz und Pfeffer würzen. Das Mayonnaisedressing über den Salat träufeln.

5 Gurken, Oliven und Kapern über den Salat verteilen sowie Petersilie und Dill daraufstreuen. Der Salat kann im Kühlschrank aufbewahrt werden, sollte jedoch auf Zimmertemperatur erwärmt serviert werden. Kurz vor dem Anrichten die Eier pellen, längs vierteln, zum Salat geben und diesen mit Dillzweigen garnieren.

Salade Niçoise

Zutaten

FÜR 4 PERSONEN

4 Eier
500 g neue Kartoffeln
125 g junge grüne Bohnen, geputzt und halbiert
2 Thunfischsteaks (à 175 g)
6 EL natives Olivenöl extra, plus etwas mehr zum Bestreichen
Salz und Pfeffer
1 Knoblauchzehe, zerdrückt
1½ TL Dijon-Senf
2 TL Zitronensaft
2 EL frisch gehacktes Basilikum
2 kleine Köpfe Eisbergsalat
200 g Kirschtomaten, halbiert
175 g Salatgurke, geschält, halbiert und in Scheiben geschnitten
50 g schwarze Oliven, entsteint
50 g in Öl eingelegte Sardellen, abgetropft

Zubereitung

1 Einen Topf mit Wasser zum Kochen bringen. Die Eier zugeben, aufkochen und 7–9 Minuten kochen (7 Minuten für ein weiches, 9 Minuten für ein hartes Ei). Abgießen und mit fließend kaltem Wasser abschrecken. Beiseitestellen.

2 Die Kartoffeln 10–15 Minuten in sprudelndem Salzwasser gar kochen. 3 Minuten vor Ende der Garzeit die Bohnen zugeben. Gut abgießen und unter kaltem Wasser abschrecken. Erneut gut abtropfen lassen.

3 Die Thunfischsteaks waschen und trocken tupfen. Beidseitig mit etwas Olivenöl bestreichen sowie salzen und pfeffern. In der vorgeheizten Grillpfanne 2–3 Minuten von jeder Seite braten, sodass sie gar, aber in der Mitte noch rosa sind.

4 Knoblauch, Senf, Zitronensaft und Basilikum verrühren. Abschmecken und mit dem restlichen Olivenöl verrühren.

5 Für den Salat die Salatblätter trennen, in große Stücke zupfen und in eine Salatschüssel geben. Kartoffeln, Bohnen, Tomaten, Gurke und Oliven darüber geben und kurz durchrühren. Die Eier schälen, längs vierteln und mit den Sardellen auf dem Salat anrichten. Die Thunfischsteaks zerkleinern und auf dem Salat verteilen. Das Dressing über den Salat gießen. Sofort servieren.

Kartoffelsalat mit Thunfisch & Ei

Zutaten

FÜR 4 PERSONEN

350 g Frühkartoffeln, mit Schale

1 hart gekochtes Ei, abgekühlt und gepellt

3 EL natives Olivenöl extra

$1^1/_2$ EL Weißweinessig

Salz und Pfeffer

125 g Thunfischstücke in Öl aus der Dose, abgetropft

2 Schalotten, fein gehackt

1 Tomate, geschält und gewürfelt

2 EL frisch gehackte Petersilie

Zubereitung

1 Die Kartoffeln in leicht gesalzenem Wasser 10 Minuten kochen, dann vom Herd nehmen und abgedeckt 15–20 Minuten ziehen lassen.

2 Für das Dressing das Ei in Scheiben schneiden und die Scheiben halbieren. Olivenöl und Essig in einer Schüssel verquirlen und mit Salz und Pfeffer würzen. Den Boden einer Schale mit etwas Dressing bedecken.

3 Die Kartoffeln abgießen, pellen und in dünne Scheiben schneiden. Die Hälfte auf dem Boden der Schale verteilen und mit Salz würzen. Je die Hälfte Thunfisch, Eierscheiben und Schalotten darüber geben. Mit der Hälfte des restlichen Dressings beträufeln. Restliche Kartoffeln, Thunfisch, Ei und Schalotten nacheinander daraufschichten und das restliche Dressing darüber geben.

4 Den Salat abschließend mit Tomate und Petersilie garnieren. Mit Klarsichtfolie abgedeckt 1–2 Stunden kalt stellen, dann servieren.

Kartoffel-Makrelen-Salat

Zutaten

FÜR 4 PERSONEN

125 g neue Kartoffeln, abgebürstet und klein gewürfelt
250 g Makrelenfilet ohne Haut
1,25 l Wasser
1 Lorbeerblatt
1 Zitronenscheibe
1 Tafelapfel, gewürfelt
1 Schalotte, in dünnen Ringen
3 EL Weißweinessig
1 TL Pflanzenöl
$1^1/_2$ TL Zucker
$^1/_4$ TL Dijon-Senf
Salz und Pfeffer

Zum Servieren

2 EL fettarmer Naturjoghurt
$^1/_4$ Salatgurke, in dünnen Scheiben
1 EL frisch gehackter Schnittlauch
1 Bund Brunnenkresse

Zubereitung

1 Die Kartoffeln 10 Minuten über köchelndem Wasser dämpfen.

2 Unterdessen die Makrelenfilets in mundgerechte Stücke schneiden. Das Wasser in einem großen flachen Topf zum Kochen bringen, dann bei reduzierter Hitze köcheln lassen. Fisch, Lorbeerblatt und Zitronenscheibe hineingeben. 3 Minuten pochieren, bis das Fischfleisch weißlich ist. Die Fischstücke mit einem Schaumlöffel herausheben und auf einen Servierteller geben.

3 Die Kartoffeln gut abtropfen lassen und in eine große Schüssel geben. Mit den Apfelwürfeln und den Schalottenringen vermengen, dann über den Fisch geben.

4 Essig, Öl, Zucker und Senf in einem Messbecher verquirlen, mit Salz und Pfeffer abschmecken und über den Salat geben. Diesen abdecken und 6 Stunden in den Kühlschrank stellen.

5 Zum Servieren den Joghurt über den Salat geben, die Gurkenscheiben dekorativ darauf anrichten und mit Schnittlauch bestreuen. Rundum mit Brunnenkresse garnieren und servieren.

Kartoffel-Forellen-Salat

Zutaten

FÜR 4 PERSONEN

etwas Pflanzenöl, zum Einfetten
4 Forellen (à 225–350 g), filetiert
1 Zwiebel, in sehr feinen Ringen
2 Lorbeerblätter
frische Petersilien- und Dillzweige oder andere frische Kräuter
10–12 schwarze Pfefferkörner
4–6 Gewürznelken
1 Prise Salz
150 ml Rotweinessig
Salatblätter, zum Garnieren

Kartoffelsalat

500 g neue Kartoffeln
2 EL French Dressing
4 EL fettreduzierte Mayonnaise
3–4 Frühlingszwiebeln, gehackt

Zubereitung

1 Eine flache Auflaufform leicht einfetten und die Filets in einer Lage dicht nebeneinander hineinlegen. Zwiebelringe, Lorbeerblätter und Kräuter über den Fisch verteilen.

2 Pfefferkörner, Gewürznelken, Salz und Essig in einen Topf geben und bis knapp unter den Siedepunkt erhitzen. Vom Herd nehmen und über den Fisch gießen. Abkühlen lassen, zudecken und 24 Stunden zum Marinieren in den Kühlschrank stellen.

3 Den Backofen auf 160 °C vorheizen. Die Auflaufform mit Alufolie abdecken und den Fisch 15 Minuten im Ofen backen. Etwas abkühlen lassen, dann wieder abdecken und gut durchkühlen lassen.

4 Die Kartoffeln 10–15 Minuten in kochendem Salzwasser bissfest garen. In große Würfel schneiden und in eine Schüssel geben. French Dressing mit der Mayonnaise verrühren, zu den Kartoffeln geben und gründlich unterheben. Abkühlen lassen, dann mit den gehackten Frühlingszwiebeln bestreuen.

5 Den Fisch auf Servierteller geben und mit etwas Garflüssigkeit beträufeln. Mit Salatblättern garnieren und mit dem Kartoffelsalat servieren.

Kartoffel-Hummer-Salat

Zutaten

FÜR 4 PERSONEN

500 g fest kochende Kartoffeln, gewaschen und in Scheiben
250 g Hummerfleisch, gekocht
150 ml Mayonnaise
2 EL Limettensaft
abgeriebene Schale von 1 Limette
1 EL frisch gehackte Petersilie
2 EL natives Olivenöl extra
2 Tomaten, entkernt und gewürfelt
2 Eier, hart gekocht und geviertelt
1 EL grüne Oliven, entsteint und geviertelt
Salz und Pfeffer

Zubereitung

1 Die Kartoffeln in kochendem Wasser 15 Minuten garen. Abgießen und beiseitestellen.

2 Das Hummerfleisch aus der Schale lösen und in große Stücke schneiden.

3 Mayonnaise, 1 Esslöffel Limettensaft sowie jeweils die Hälfte der Limettenschale und der Petersilie verrühren und beiseitestellen.

4 Den restlichen Limettensaft mit dem Olivenöl mischen und über die Kartoffeln geben. Diese auf einer Salatplatte anrichten.

5 Hummerfleisch, Tomaten, Eier und Oliven auf den Kartoffeln verteilen, mit Salz und Pfeffer sowie der restlichen Petersilie bestreuen. Die Mayonnaise zum Salat geben, diesen mit der restlichen Limettenschale bestreuen und servieren.

Leichte Gerichte

Wenn man nach einer leichten, schmackhaften Speise für ein Mittag- oder Abendessen sucht, sind Kartoffeln genau das Richtige. Man sollte immer ein paar größere Exemplare zur Hand zu haben – gewaschen, mehrfach eingestochen, mit Öl bestrichen und mit etwas Meersalz und Pfeffer bestreut, schiebt man sie einfach in den Backofen – und eine Stunde später liegen sie goldbraun, außen knusprig und innen butterweich auf dem Teller. Gleich ein Tipp für besondere Ofenkartoffeln: Kratzen Sie ihr Fleisch aus, mischen Sie es mit beliebigen weiteren Zutaten, füllen es dann in die Schalen zurück und backen sie kurz. Oder bereiten Sie zur Abwechslung einmal Süßkartoffeln im Ofen zu, oder füllen Sie Champignons mit Kartoffelpüree.

Kartoffeln bilden die Grundlage für Fischbratlinge, Rösti und Kroketten – gekocht, gestampft und abgekühlt lassen sie sich mit Fisch oder Fleisch, anderem Gemüse und Gewürzen mischen, formen und braten. So werden auf amerikanische Art zubereitete einfache Kartoffelplätzchen zu einem köstliches Brunch-Beitrag.

Wer etwas Zeit hat, sollte sich an der Kartoffel-Variante der klassischen Ravioli, den *Kartoffel-Ravioli,* versuchen oder auch an einem anderen italienischen Traditionsgericht, den *Spinat-Gnocci* – kleine, geballte Nährwertpakete.

Kartoffelpuffer

Zutaten

FÜR 8–10 PERSONEN

600 g mehlig kochende Kartoffeln, grob gewürfelt
Salz und Pfeffer
25 g Butter, plus etwas mehr zum Braten und zum Servieren
1 Ei (nach Belieben)
125 g Mehl

Zubereitung

1 Die Kartoffeln 15–20 Minuten in kochendem Salzwasser weich garen, anschließend abgießen und mit einem Kartoffelstampfer zu einem glatten Püree verarbeiten. Das Püree mit Salz und Pfeffer würzen, die Butter zufügen und nach Belieben das Ei untermengen.

2 Die Kartoffelmasse in eine große Schüssel umfüllen und so viel Mehl zufügen, dass ein weicher Teig entsteht. Dabei relativ rasch arbeiten, damit die Masse so warm bleibt wie möglich.

3 Den Teig auf einer leicht bemehlten Arbeitsfläche etwa 5 mm dick ausrollen und mit einem Plätzchenausstecher (6 cm Ø) so viele Kreise wie möglich daraus ausstechen.

4 Eine Pfanne erhitzen, etwas Butter darin zerlassen und die Kartoffelplätzchen darin von jeder Seite 4–5 Minuten goldbraun braten.

5 Die fertigen Plätzchen beiseitestellen und warm halten, während der restliche Teig verarbeitet wird. Sobald alle Plätzchen fertig sind, diese mit reichlich Butter servieren.

Feta-Kartoffel-Küchlein

Zutaten

FÜR 4 PERSONEN

500 g ungeschälte, mehlig kochende Kartoffeln
4 Frühlingszwiebeln, klein geschnitten
125 g Feta, zerkrümelt
2 TL frisch gehackter Thymian
1 Ei, verquirlt
1 EL Zitronensaft
Salz und Pfeffer
Mehl, zum Bestäuben
3 EL Pflanzenöl
frischer Schnittlauch, zum Garnieren

Zubereitung

1 Die Kartoffeln in leicht gesalzenem kochendem Wasser 25 Minuten garen, dann abtropfen lassen und pellen. In eine Schüssel geben und mit einem Kartoffelstampfer oder einer Gabel gut zerdrücken.

2 Frühlingszwiebeln, Feta, Thymian, Ei und Zitronensaft zugeben und nach Belieben mit Salz und Pfeffer abschmecken. Alles gut vermengen. Die Schüssel mit Frischhaltefolie abdecken und 1 Stunde in den Kühlschrank stellen.

3 Das Mehl auf einen Teller geben, kleine Portionen der Kartoffelmischung zwischen den Handflächen zu etwa walnussgroßen Bällchen formen, dann leicht flach drücken und im Mehl wenden. Das Öl bei starker Hitze in einer Pfanne erhitzen und die Kartoffelküchlein darin – wenn nötig portionsweise – von beiden Seiten goldbraun braten. Auf Küchenpapier abtropfen lassen, mit dem Schnittlauch garnieren und servieren.

Kartoffelomelett mit Feta & Spinat

Zutaten

FÜR 4 PERSONEN

6 EL Butter
1,25 kg fest kochende Kartoffeln, gewürfelt
3 Knoblauchzehen, zerdrückt
1 TL Paprikapulver
2 Tomaten, gehäutet, entkernt und gewürfelt
12 Eier
Pfeffer

Füllung

250 g junger Blattspinat
1 TL Fenchelsamen
125 g Feta, gewürfelt
4 EL Naturjoghurt

Zubereitung

1 In einer Pfanne 2 Esslöffel Butter zerlassen, die Kartoffeln darin bei niedriger Hitze 7–10 Minuten goldbraun rösten, dann in eine Schüssel geben.

2 Knoblauch, Paprikapulver und Tomaten in der Pfanne 2 Minuten braten, dann mit den Kartoffeln vermengen.

3 Die Eier verquirlen, mit Pfeffer abschmecken und mit der Kartoffelmischung verrühren.

4 Für die Füllung den Spinat in kochendem Wasser 1 Minute blanchieren. Mit einem Schaumlöffel herausheben, unter fließend kaltem Wasser abschrecken und mit Küchenpapier trocken tupfen. In eine Schüssel geben, dann Fenchelsamen, Feta und Joghurt unterrühren.

5 In einer Pfanne (15 cm Ø) 1 Esslöffel Butter zerlassen. Ein Viertel der Kartoffelmasse zufügen und 2 Minuten braten, dabei einmal wenden.

6 Das Omelett auf einen Teller geben, ein Viertel der Spinatfüllung darauf verstreichen und das Omelett zusammenklappen. Ebenso die restlichen 3 Omeletts zubereiten.

Süßkartoffel-Blinis

Zutaten

FÜR 4 PERSONEN

125 g Süßkartoffeln, grob gewürfelt
Pfeffer
1 TL gemahlener Piment
50 g Vollkornmehl
1 Ei
150 ml entrahmte Milch
1 Eiweiß

Belag

3 Tomaten, in dicken Scheiben
125 g Frischkäse
1 EL abgeriebene Zitronenschale
1 EL fisch gehackte Petersilie
25 g Rucola
100 g roher Schinken, Fettrand entfernt, in Streifen geschnitten

Zubereitung

1 Die Kartoffeln bei mittlerer Hitze etwa 15 Minuten in kochendem Wasser weich garen. Dann abgießen, zu einem glatten Püree verarbeiten und mit Pfeffer würzen. Piment und Mehl unterrühren und die Masse in eine große Schüssel umfüllen.

2 Das Ei unter die Masse heben. Nach und nach die Milch einrühren, bis ein dickflüssiger Teig entsteht. Diesen zunächst beiseitestellen.

3 Den Backofengrill vorheizen. Für den Belag die Tomatenscheiben auf einen mit Alufolie ausgelegten Rost legen und vor dem Servieren 3–4 Minuten unter dem Grill erhitzen. Den Frischkäse mit der Zitronenschale und der Petersilie verrühren und beiseitestellen.

4 Das Eiweiß steif schlagen und unter den Kartoffelteig ziehen. Eine beschichtete Pfanne stark erhitzen. 3–4 Löffel Kartoffelteig hineingeben und mit dem Löffelrücken zu Kreisen von etwa 7,5 cm Durchmesser formen. Diese 2–3 Minuten braten, bis der Teig fest wird, dann die Blinis wenden und weitere 2–3 Minuten braten, bis auch die zweite Seite goldbraun geworden ist. Die fertigen Blinis beiseitestellen und warm halten, während der restliche Teig verarbeitet wird.

5 Zum Servieren 2–3 Blinis auf einen Teller legen und mit je etwas Rucola, einer gegrillten Tomatenscheibe, einem Schinkenstreifen und einem Klacks Frischkäse belegen.

Gemüse-Kartoffel-Pfanne

Zutaten

FÜR 4 PERSONEN

700 g fest kochende Kartoffeln, ungeschält und in Scheiben
1 Karotte, gewürfelt
250 g kleine Brokkoliröschen
60 g Butter
2 EL Pflanzenöl
1 rote Zwiebel, geviertelt
2 Knoblauchzehen, zerdrückt
175 g Tofu, gewürfelt
2 EL frisch gehackter Salbei
75 g vollreifer, herzhafter Hartkäse, gerieben

Zubereitung

1 Die Kartoffeln in kochendem Wasser 10 Minuten garen. Gründlich abgießen.

2 Inzwischen Karotte und Brokkoli separat in kochendem Wasser 5 Minuten blanchieren. Mit einem Schaumlöffel herausheben.

3 Butter und Öl in einer hitzebeständigen Pfanne erhitzen, Zwiebel und Knoblauch darin 2–3 Minuten dünsten. Die Hälfte der Kartoffelscheiben zufügen und den Pfannenboden gleichmäßig damit bedecken. Karotte, Brokkoli und Tofu darauf verteilen und mit der Hälfte des Salbei bestreuen. Mit den restlichen Kartoffelscheiben bedecken und den Käse darüberstreuen.

4 Das Schichtgemüse bei schwacher Hitze etwa 8–10 Minuten garen, anschließend die Pfanne für 2–3 Minuten unter den auf mittlere Hitze vorgeheizten Grill legen, bis der Käse geschmolzen und oben leicht gebräunt ist.

5 Das fertige Gericht mit dem restlichen Salbei garnieren und direkt aus der Pfanne servieren.

Rösti mit buntem Gemüse

Zutaten

FÜR 4 PERSONEN

1 kg Kartoffeln, geschält, große Exemplare halbiert
Maiskeimöl, zum Braten
Salz und Pfeffer

Pesto-Dressing

2 EL Pesto
1 EL kochendes Wasser
1 EL natives Olivenöl extra

Röstgemüse

2 EL natives Olivenöl extra
1 EL Balsamico-Essig
1 TL klarer Honig
1 rote Paprika, entkernt und geviertelt
2 Zucchini, längs in Scheiben geschnitten
2 rote Zwiebeln, geviertelt
1 kleine Fenchelknolle, in dünnen Spalten
16 Strauchtomaten
8 Knoblauchzehen
2 Rosmarinzweige

Zubereitung

1 Für das Röstgemüse Öl, Essig und Honig in einer großen, flachen Schüssel mischen. Paprika, Zucchini, Zwiebeln, Fenchel, Tomaten, Knoblauch und Rosmarin zufügen und gut vermengen. Mindestens 1 Stunde marinieren.

2 Den Backofen auf 200 °C vorheizen. Die Kartoffeln in leicht gesalzenem kochendem Wasser 8–10 Minuten kochen, bis sie fast gar sind. Abkühlen lassen, dann grob raspeln.

3 Das marinierte Gemüse (außer Tomaten und Knoblauch) mit der Marinade in einen Bräter geben. Im Backofen 25 Minuten rösten, dann Tomaten und Knoblauch zufügen und weitere 15 Minuten rösten, bis das Gemüse weich und an den Rändern gut gebräunt ist.

4 Unterdessen die Rösti zubereiten. Dazu jeweils ein Viertel der Kartoffeln mit den Händen zu einer Frikadelle formen. So viel Öl bei mittlerer Hitze erwärmen, dass es den Boden der Pfanne bedeckt. Je 2 Rösti in die Pfanne geben und mit einem Palettmesser andrücken, bis sie etwa 2 cm dick sind.

5 Die Rösti 6 Minuten von jeder Seite goldbraun und knusprig braten. Die Dressingzutaten mischen. Zum Servieren jedes Rösti mit dem Gemüse belegen und mit etwas Pesto-Dressing beträufeln. Mit Salz und Pfeffer nach Geschmack würzen.

Gemüserösti

Zutaten

FÜR 4 PERSONEN

1 Karotte, gerieben

1 Zucchini, gerieben

1 Süßkartoffel, gerieben

8 Frühlingszwiebeln, fein gehackt oder in feinen Streifen

Pfeffer

1 Eiweiß, verquirlt

2 TL natives Olivenöl extra

8 Scheiben magerer Frühstücksspeck, zum Servieren (nach Belieben)

Zubereitung

1 Das Gemüse in einer Schüssel vermengen und mit Pfeffer würzen. Dann das Eiweiß unterrühren. Den Gemüseteig von Hand zu 8 kleinen Rösti formen. Diese gut zusammendrücken.

2 Das Öl in einer beschichteten Pfanne erhitzen und die Gemüserösti darin portionsweise 5–6 Minuten goldbraun braten; dabei zur Hälfte der Garzeit einmal wenden und mit dem Pfannenwender gegen den Pfannenboden drücken.

3 Den Backofengrill vorheizen. Den Grillrost mit Alufolie auslegen, den Frühstücksspeck darauflegen und unter einmaligem Wenden 5–8 Minuten knusprig grillen.

4 Die fertigen Gemüserösti mit dem noch heißen Speck sofort servieren.

Kartoffel-Ravioli

Zutaten

FÜR 4 PERSONEN

Füllung

1 EL Pflanzenöl
125 g Rinderhack
1 Schalotte, gehackt
1 Knoblauchzehe, zerdrückt
1 EL Mehl
1 EL Tomatenmark
150 ml Rinderbrühe
1 Selleriestange, in Scheiben
2 Tomaten, gehäutet und gewürfelt
2 TL frisch gehacktes Basilikum
Salz und Pfeffer

Ravioli

500 g mehlig kochende Kartoffeln, gewürfelt
3 kleine Eigelb
3 EL natives Olivenöl extra
175 g Mehl
60 g Butter, zum Braten
frisch gezupftes Basilikum, zum Garnieren

Zubereitung

1 Für die Füllung das Öl erhitzen und das Rinderhack darin 3–4 Minuten scharf anbraten, das Fleisch dabei mit einem Löffel zerbröckeln. Schalotte und Knoblauch zugeben und 2–3 Minuten glasig dünsten. Mehl und Tomatenmark einrühren und alles 1 Minute dünsten. Brühe, Sellerie, Tomaten und Basilikum zufügen und verrühren. Mit Salz und Pfeffer abschmecken. Bei schwacher Hitze 20 Minuten garen, dann vom Herd nehmen und abkühlen lassen.

2 Für die Ravioli die Kartoffeln in kochendem Wasser 10 Minuten garen. Abgießen, zu Püree zerstampfen und Eigelb und Öl unterrühren. Mit Salz und Pfeffer abschmecken und mit dem Mehl zu einem Teig verkneten.

3 Den Teig auf einer leicht bemehlten Arbeitsfläche in 24 gleich große Portionen teilen und diese zu Fladen formen. Etwas Füllung auf eine Hälfte jedes Fladens geben und die andere Hälfte darüberfalten; an den Rändern gut andrücken.

4 Die Butter zerlassen und die Ravioli darin 6–8 Minuten goldbraun braten, dabei einmal wenden. Mit frischem Basilikum garnieren und sofort servieren.

Spinat-Gnocchi

Zutaten

FÜR 4 PERSONEN

300 g mehlig kochende Kartoffeln
175 g junger Blattspinat
1 Eigelb
1 TL natives Olivenöl extra
125 g Mehl
Salz und Pfeffer
Spinatblätter, zum Garnieren

Sauce

1 EL natives Olivenöl extra
2 Schalotten, gehackt
1 Knoblauchzehe, zerdrückt
300 ml passierte Tomaten
2 TL brauner Zucker

Zubereitung

1 Die Kartoffeln in Würfel schneiden und in kochendem Wasser 10 Minuten garen. Sorgfältig abgießen und zu Püree zerstampfen.

2 Währenddessen den Spinat separat 2 Minuten in kochendem Wasser blanchieren, dann abgießen und hacken.

3 Das Kartoffelpüree auf eine leicht bemehlte Arbeitsfläche geben und in die Mitte eine Vertiefung drücken. Eigelb, Öl, Spinat und etwas Mehl hineingeben und alles verkneten. Dabei nach und nach mehr Mehl zufügen, bis ein fester Teig entsteht. Mit Salz und Pfeffer abschmecken und aus dem Teig kleine Klößchen formen.

4 Die Gnocchi portionsweise jeweils etwa 5 Minuten in kochendem Salzwasser garen, bis sie an die Oberfläche steigen.

5 In der Zwischenzeit alle Zutaten für die Sauce in einem Topf bei schwacher Hitze unter häufigem Rühren 10–15 Minuten köcheln lassen, bis die Sauce eingedickt ist.

6 Die Gnocchi mit einem Schaumlöffel aus dem Wasser heben, abtropfen lassen und auf vorgewärmte Teller verteilen. Die Sauce darübergeben und mit frischen Spinatblättern garniert servieren.

Ofenkartoffeln mit Pesto

Zutaten

FÜR 4 PERSONEN

4 große Kartoffeln (à 250 g)
Salz und Pfeffer
150 g Schlagsahne
150 ml Gemüsebrühe
1 EL Zitronensaft
2 Knoblauchzehen, zerdrückt
3 EL frisch gehacktes Basilikum
2 EL Pinienkerne
2 EL frisch geriebener Parmesan

Zubereitung

1 Den Backofen auf 190 °C vorheizen. Die Kartoffeln gründlich säubern, mehrfach mit einer Gabel einstechen und mit etwas Salz einreiben. Dann auf ein Backblech legen und im vorgeheizten Ofen etwa 1 Stunde backen, bis sie innen gar und außen knusprig sind.

2 Die Kartoffeln längs halbieren. Das Fruchtfleisch bis auf eine dünne Schicht am Schalenrand herauskratzen, in eine Schüssel geben und mit einer Gabel zerdrücken.

3 Unterdessen Sahne und Brühe in einem Topf bei geringer Hitze 8–10 Minuten köcheln lassen, bis die Flüssigkeit etwa zur Hälfte reduziert ist.

4 Zitronensaft, Knoblauch und Basilikum einrühren und die Sauce mit Salz und Pfeffer abschmecken. Dann zusammen mit den Pinienkernen unter die zerdrückte Kartoffelmasse rühren.

5 Die ausgehöhlten Kartoffelschalen mit der Masse füllen, mit Parmesan bestreuen und weitere 10 Minuten in den Backofen geben, bis der Käse leicht gebräunt ist.

Gefüllte Ofenkartoffeln

Zutaten

FÜR 4 PERSONEN

1 kg große Kartoffeln, abgebürstet
2 EL Pflanzenöl
1 TL grobes Meersalz
115 g Butter
1 kleine Zwiebel, gehackt
Salz und Pfeffer
150 g frisch geriebener mittelalter Gouda oder zerbröckelter Blauschimmelkäse
frischer Schnittlauch, zum Garnieren

Zutaten nach Belieben

4 EL Mais
4 EL gegarte Champignons, Zucchini oder Paprika

Zubereitung

1 Den Backofen auf 190 °C vorheizen. Die Kartoffeln mit einer Gabel einstechen, mit Öl beträufeln, mit Salz bestreuen und auf einem Backblech 1 Stunde backen. Die Schale sollte knusprig und das Innere weich sein, wenn man mit einer Gabel hineinsticht.

2 In einer kleinen Pfanne 1 Esslöffel Butter zerlassen. Die Zwiebel darin 4–5 Minuten andünsten, bis sie weich und goldbraun ist. Beiseitestellen.

3 Die Kartoffeln aus dem Ofen nehmen und längs halbieren. Das Fruchtfleisch ausschaben und in eine große Schüssel geben, die Schalen aufbewahren. Die Backofentemperatur auf 200 °C erhöhen.

4 Die Kartoffelmasse grob zerstampfen und mit der Zwiebel und der restlichen Butter mischen. Mit Salz und Pfeffer würzen und nach Belieben Mais und/oder Pilze, Zucchini oder Paprika zufügen. Die Masse in die Kartoffelschalen füllen und mit Käse bestreuen.

5 Die Kartoffeln im Backofen 10 Minuten backen, bis der Käse goldbraun wird. Mit Schnittlauch garniert servieren.

Gebackene Süßkartoffeln mit Mais-Bohnen-Füllung

Zutaten

FÜR 4 PERSONEN

4 rote Süßkartoffeln (à 250 g)
125 g tiefgekühlte dicke Bohnen
125 g tiefgekühlter Mais
125 g grüne Bohnen
1 EL natives Olivenöl extra
1 EL Balsamico-Essig
Pfeffer
150 g Tomaten
2 EL frisch gezupfte Basilikumblätter, plus einige mehr zum Garnieren

Zubereitung

1 Den Backofen auf 190 °C vorheizen. Die Süßkartoffeln abbürsten und die Schale mehrfach mit einem spitzen Messer einstechen. Auf ein Backblech legen und im Backofen 60–90 Minuten backen, bis sie sich beim Einstechen mit einer Messerspitze weich anfühlen. Warm halten.

2 Einen Topf mit Wasser zum Kochen bringen und die dicken Bohnen und den Mais hineingeben. Aufkochen, dann die Hitze reduzieren, abdecken und 5 Minuten köcheln lassen. Die grünen Bohnen putzen, halbieren und in den Topf geben. Erneut aufkochen, die Hitze reduzieren, abdecken und 3 Minuten köcheln lassen, bis die grünen Bohnen gar, aber noch bissfest sind.

3 Öl und Essig in einer kleinen Schüssel mischen und mit Pfeffer würzen. Mais und Bohnen abgießen, wieder in den Topf geben, die Tomaten zufügen und das Dressing darübergießen. Die Basilikumblätter zugeben und alles gut vermengen.

4 Die Süßkartoffeln aus dem Ofen nehmen, längs aufschneiden und die Gemüsefüllung auf die Kartoffeln verteilen. Sofort mit Basilikum garniert servieren.

Salat mit Süßkartoffeln, Auberginen & Paprika

Zutaten

FÜR 4 PERSONEN

2 Süßkartoffeln, geschält und in Würfeln
2 EL natives Olivenöl extra
Pfeffer
2 Knoblauchzehen, zerdrückt
1 große Aubergine, in Scheiben
2 rote Paprika, entkernt und in Scheiben
200 g gemischte Salatblätter
300 g Mozzarella, abgetropft und in Scheiben
Vollkornbrot, zum Servieren

Dressing

1 EL Balsamico-Essig
1 Knoblauchzehe, zerdrückt
3 EL natives Olivenöl extra
1 kleine Schalotte, fein gehackt
2 EL frisch gehackte gemischte Kräuter wie Estragon, Kerbel und Basilikum
Salz und Pfeffer

Zubereitung

1 Den Backofen auf 190 °C vorheizen. Die Süßkartoffelwürfel auf einem Backblech mit Öl, Pfeffer und Knoblauch vermengen und im Backofen 30 Minuten backen, bis sie weich und leicht gebräunt sind.

2 Den Backofengrill auf hoher Stufe vorheizen. Die Auberginen- und Paprikascheiben auf dem Grillrost verteilen und unter dem Grill 10 Minuten grillen, bis sie weich und leicht gebräunt sind, dabei gelegentlich wenden.

3 Für das Dressing Essig, Knoblauch und Öl in einer kleinen Schüssel mischen, dann Schalotte und Kräuter einrühren. Mit Salz und Pfeffer abschmecken.

4 Zum Servieren die Salatblätter auf 4 Servierteller verteilen und Süßkartoffeln, Auberginen, Paprika und Mozzarella darauf arrangieren. Mit dem Dressing beträufeln und mit Vollkornbrot servieren.

Kartoffel-Blumenkohl-Fritters

Zutaten

FÜR 4 PERSONEN

250 g mehlig kochende Kartoffeln, gewürfelt
250 g Blumenkohl, in Röschen
50 g frisch geriebener Parmesan
Salz und Pfeffer
1 Ei
1 Eiweiß, zum Einpinseln
Pflanzenöl, zum Frittieren
Paprikapulver, zum Garnieren (nach Belieben)
Frühstücksspeck, knusprig gebraten und in Stücke geschnitten

Zubereitung

1 Die Kartoffeln in kochendem Wasser 10 Minuten garen, bis sie weich sind. Dann abgießen und zu Püree zerstampfen.

2 Den Blumenkohl separat 10 Minuten in kochendem Wasser garen. Abgießen und mit dem Kartoffelpüree vermengen. Den Parmesan einrühren und alles mit Salz und Pfeffer abschmecken.

3 Das Ei trennen. Das Eigelb mit der Kartoffel-Blumenkohl-Mischung verrühren. Die beiden Eiweiß in einer Schüssel verquirlen, dann unter die Kartoffelmasse heben.

4 Die Kartoffelmasse in 8 gleiche Portionen teilen und diese zu Klößen formen. Das Öl in einer Pfanne erhitzen und die Fritters darin 3–5 Minuten goldbraun backen. Dabei einmal wenden.

5 Nach Belieben mit etwas Paprikapulver garnieren und mit Frühstücksspeck servieren.

Thailändische Kartoffelpfanne

Zutaten

FÜR 4 PERSONEN

1 kg fest kochende Kartoffeln, in kleinen Würfeln
2 EL Pflanzenöl
1 gelbe Paprika, gewürfelt
1 rote Paprika, gewürfelt
1 Karotte, in dünnen Streifen
1 Zucchini, in dünnen Streifen
2 Knoblauchzehen, zerdrückt
1 rote Chili, in Ringen
1 Bund Frühlingszwiebeln, längs halbiert
125 ml Kokosmilch
1 TL frisch gehacktes Zitronengras
2 TL Limettensaft
abgeriebene Schale von 1 Limette
1 EL frisch gehackter Koriander

Zubereitung

1 Die Kartoffelwürfel 5 Minuten in kochendem Salzwasser vorgaren, dann abgießen.

2 Das Öl in einem Wok oder einer großen Pfanne stark erhitzen und durch leichtes Hin- und Herbewegen auf dem Wok- oder Pfannenboden verteilen.

3 Kartoffeln, Paprika, Karotte, Zucchini, Knoblauch und Chili in Wok oder Pfanne geben und 2–3 Minuten pfannenrühren.

4 Frühlingszwiebeln, Kokosmilch, Zitronengras und Limettensaft zufügen und alles 2 Minuten unter Rühren braten. Dann Limettenschale und Koriander unterrühren. Die Kartoffelpfanne 1 weitere Minute pfannenrühren, dann sofort servieren.

Pilze mit cremiger Kartoffelfüllung

Zutaten

FÜR 4 PERSONEN

25 g getrocknete Steinpilze
250 g mehlig kochende Kartoffeln, gewürfelt
25 g Butter, zerlassen
4 EL Crème double
2 EL frisch gehackter Schnittlauch, plus etwas mehr, zum Garnieren
Salz und Pfeffer
8 Riesenchampignons
25 g Emmentaler, gerieben
150 ml Gemüsebrühe

Zubereitung

1 Die getrockneten Pilze in eine Schüssel geben, mit kochendem Wasser übergießen und 20 Minuten quellen lassen, dann abgießen und fein hacken.

2 Inzwischen die Kartoffeln in kochendem Salzwasser 10 Minuten garen, bis sie weich sind. Anschließend abgießen und zu Püree zerstampfen. Dann die Pilze untermengen.

3 Butter, Crème double und Schnittlauch verrühren, zu der Kartoffelmischung geben und gut unterrühren. Mit Salz und Pfeffer abschmecken.

4 Die Stiele der Champignons entfernen, hacken und unter die Kartoffelmischung rühren. Die Champignonhüte mit der Kartoffel-Pilz-Mischung füllen und mit dem Käse bestreuen. Die gefüllten Pilze in eine Auflaufform mit Deckel geben und die Gemüsebrühe zugießen.

5 Im vorgeheizten Backofen bei 220 °C abgedeckt 20 Minuten garen, dann offen weitere 5 Minuten garen, bis die Füllung oben goldgelb ist. Mit Schnittlauch garnieren und sofort servieren.

Kartoffelpuffer auf amerikanische Art

Zutaten

FÜR 4 PERSONEN

125 g gekochte Kartoffeln, abgekühlt und gestampft
250 ml Milch
75 g Mehl
3/4 TL Backpulver
1 Prise Salz
1 Ei, verquirlt
Maiskeimöl, zum Braten

Zum Servieren

8 Scheiben Frühstücksspeck, knusprig gebraten
1 1/2 EL Ahornsirup

Zubereitung

1 Die Kartoffeln mit der Milch zu einem dünnen Püree verarbeiten.

2 Mehl, Backpulver und Salz in eine große Schüssel sieben. Eine Vertiefung in die Mitte drücken und das Ei sowie die Kartoffelmischung hineingeben. Das Mehl mit einem Schneebesen nach und nach unter die flüssigen Zutaten schlagen, bis ein glatter dickflüssiger Teig entsteht.

3 Etwas Öl in einer großen beschichteten Pfanne erhitzen. Je eine kleine Kelle Teig für je ein Kartoffelplätzchen in die Pfanne gießen – es werden jeweils etwa 3 Plätzchen gleichzeitig hineinpassen. Die einzelnen Plätzchen von jeder Seite etwa 2 Minuten goldbraun braten, dann aus der Pfanne nehmen und beiseitestellen, bis die restlichen Plätzchen fertig sind.

4 Die fertigen Kartoffelplätzchen auf 4 vorgewärmte Teller verteilen, mit je zwei Speckscheiben belegen und mit etwas Ahornsirup beträufeln.

Kartoffelkroketten mit Käse & Schinken

Zutaten

FÜR 4 PERSONEN

500 g mehlig kochende Kartoffeln, gewürfelt
300 ml Milch
25 g Butter
4 Frühlingszwiebeln, gehackt
75 g Gouda
50 g geräucherter Schinken, gewürfelt
1 Selleriestange, in Ringen
1 Ei, verquirlt
50 g Mehl
Salz und Pfeffer
Pflanzenöl, zum Frittieren

Sauce

25 g Butter
25 g Mehl
150 ml Milch
150 ml Gemüsebrühe
75 g Gouda, gerieben
1 TL Dijon-Senf
1 EL frisch gehackter Koriander

Panade

2 Eier
125 g Semmelbrösel

Zubereitung

1 Die Kartoffeln mit der Milch in einen Topf geben und aufkochen. Dann bei reduzierter Hitze köcheln lassen, bis die Flüssigkeit aufgenommen ist.

2 Butter zufügen und die Kartoffeln zerstampfen. Frühlingszwiebeln, Käse, Schinken, Sellerie, Ei und Mehl zugeben und alles verrühren. Abschmecken und abkühlen lassen.

3 Für die Sauce die Butter in einem Topf zerlassen. Das Mehl einrühren und 1 Minute anschwitzen lassen. Dann vom Herd nehmen und Milch, Brühe, Käse, Senf und Koriander zugeben. Unter Rühren aufkochen, bis die Sauce eingedickt ist. Bei reduzierter Hitze warm halten, dabei gelegentlich umrühren.

4 Für die Panade die Eier in einer Schüssel verquirlen. Semmelbrösel in eine separate Schüssel geben. Die Kartoffelmasse zu Klößen formen. Diese zuerst im Ei, dann in den Semmelbröseln wenden.

5 Das Öl auf 180–190 °C erhitzen und die Kroketten darin 5 Minuten frittieren, bis sie goldbraun und knusprig sind. Gut abtropfen lassen und mit der Sauce servieren.

Kartoffel-Salami-Pizza

Zutaten

FÜR 4 PERSONEN

15 g Butter, plus etwas mehr zum Einfetten
Mehl, zum Bestäuben
900 g mehlig kochende Kartoffeln, gewürfelt
2 Knoblauchzehen, zerdrückt
2 EL frisch gehackte gemischte Kräuter
1 Ei, verquirlt
6 EL passierte Tomaten
2 EL Tomatenmark
50 g Salami, in Scheiben
1 grüne Paprika, in Streifen
1 gelbe Paprika, in Streifen
2 große Champignons, in Scheiben
25 g schwarze Oliven, entsteint und geviertelt
125 g Mozzarella, in Scheiben
grüner Salat, zum Servieren

Zubereitung

1 Ein Back- oder Pizzablech einfetten und mit Mehl bestäuben. Den Backofen auf 225 °C vorheizen. Die Kartoffeln in kochendem Wasser 10 Minuten garen. Abgießen und zu Püree zerstampfen. In einer Schüssel mit Butter, Knoblauch, Kräutern und Ei verrühren.

2 Die Kartoffelmischung auf dem Pizzablech ausstreichen. Im vorgeheizten Ofen 7–10 Minuten backen, bis der Teig fest zu werden beginnt.

3 Passierte Tomaten und Tomatenmark verrühren und auf dem Teig verstreichen, dabei etwa 1 cm Rand aussparen. Salami, Paprika, Pilze und Oliven auf die Tomatenschicht verteilen.

4 Abschließend den Mozzarella auf der Pizza verteilen, dann diese 20 Minuten im Ofen backen, bis der Käse geschmolzen ist. Mit frischem grünen Salat servieren.

Kroketten mit Hähnchen

Zutaten

FÜR 4 PERSONEN

500 g mehlig kochende Kartoffeln
250 g Hähnchenfleisch, gehackt
1 große Banane
2 EL Mehl
1 TL Zitronensaft
1 Zwiebel, fein gehackt
2 EL frisch gehackter Salbei
Salz und Pfeffer
25 g Butter
2 EL Pflanzenöl
150 g Schlagsahne
150 ml Hühnerbrühe
frische Salbeiblätter, zum Garnieren

Zubereitung

1 Die Kartoffeln würfeln und in kochendem Wasser 10 Minuten garen. Gründlich abgießen und zu Püree zerstampfen. Mit dem Hähnchenhack verrühren.

2 Die Banane mit der Gabel zerdrücken und mit Mehl, Zitronensaft, Zwiebel und 1 Esslöffel Salbei unter die Kartoffelmasse rühren. Mit Salz und Pfeffer würzen und alles gut vermengen. Die Kartoffelmasse in 8 gleich große Portionen teilen. Mit leicht bemehlten Händen daraus Kroketten formen.

3 Die Butter mit dem Öl erhitzen und die Kroketten darin portionsweise 10–12 Minuten braten, dabei einmal wenden. Herausheben und warm stellen. Sahne, Brühe und den restlichen Salbei in die Pfanne geben und bei schwacher Hitze 2–3 Minuten durchwärmen.

4 Kroketten auf einer Platte anrichten, mit Salbei garnieren und servieren. Dazu die Sauce reichen.

Frittierte Fischbällchen mit Aïoli

Zutaten

FÜR 4 PERSONEN

650 g mehlig kochende Kartoffeln, geschält und in großen Stücken
650 g Kabeljau- oder Schellfischfilet
1 Eigelb, verquirlt
2 Knoblauchzehen, sehr fein gehackt
2 EL frisch gehackte Petersilie
1 EL frisch gehackter Dill
Salz und Pfeffer
Mehl, zum Bestäuben
Maiskeimöl, zum Frittieren
frische Kresse oder Rucola, zum Garnieren

Aïoli

1 großes Eigelb
2 große Knoblauchzehen, zerdrückt
Salz
5 EL natives Olivenöl extra
5 EL Maiskeimöl
1 EL Weißweinessig oder Zitronensaft

Zubereitung

1 Die Kartoffeln in leicht gesalzenem Wasser 20 Minuten gar kochen. Den Fisch in einen Topf geben, mit Wasser bedecken und 8 Minuten pochieren, bis er zerfällt.

2 Für die Aïoli Eigelb, Knoblauch und etwas Salz verrühren. Abwechselnd so viel Öl und Essig oder Zitronensaft unterrühren, bis die Mischung cremig und glatt ist. Abdecken.

3 Das Fischfilet zerteilen. Die Kartoffeln abtropfen lassen und mit Eigelb und Knoblauch zerdrücken. Die Kräuter unterrühren, dann den Fisch unterheben und mit Salz und Pfeffer würzen. Mit bemehlten Händen aus der Masse 20 Bällchen formen.

4 Das Öl zum Frittieren auf 180–190 °C erhitzen oder so lange, bis ein Brotwürfel in 30 Sekunden darin bräunt. Die Fischbällchen portionsweise darin 2–3 Minuten goldbraun frittieren. Auf Küchenpapier abtropfen lassen. Mit Kresse oder Rucola garnieren und mit der Aïoli servieren.

Frittierte Fischbällchen

Zutaten

ERGIBT 18 STÜCK

450 g Stockfisch
350 g mehlig kochende Kartoffeln
natives Olivenöl extra, zum Frittieren
1 Zwiebel, sehr fein gehackt
1 Knoblauchzehe, zerdrückt
4 EL frisch gehackte Petersilie oder frisch gehackter Koriander
1 EL eingelegte Kapern, abgetropft und fein gehackt
Pfeffer
1 kleines Ei, leicht verquirlt
frische glatte Petersilie, zum Garnieren
Aïoli, zum Servieren (siehe Seite 134)

Zubereitung

1 Den Stockfisch in Stücke brechen und in einer Schüssel mit Wasser bedeckt 48 Stunden ruhen lassen, das Wasser dabei viermal wechseln. Anschließend abtropfen lassen und in kochendem Wasser 20–25 Minuten garen. Abgießen, Haut und Gräten entfernen und mit einer Gabel in sehr kleine Stücke zerteilen.

2 Die Kartoffeln mit Schale kochen. Abgießen, pellen und zerstampfen. Beiseitestellen.

3 In einer Pfanne 1 Esslöffel Öl erhitzen. Zwiebel und Knoblauch darin unter Rühren 2 Minuten weich dünsten. Mit einem Schaumlöffel herausheben und auf Küchenpapier abtropfen lassen.

4 Fisch, Zwiebel und Knoblauch unter die Kartoffeln rühren. Petersilie oder Koriander und Kapern zufügen. Mit reichlich Pfeffer würzen. Das Ei unterrühren, die Masse abdecken und 30 Minuten kalt stellen. Erneut abschmecken.

5 In eine Pfanne das Öl 5 cm hoch füllen und erhitzen. Es ist heiß genug, wenn ein Brotwürfel darin in 30 Sekunden braun wird. Die Fischmischung esslöffelweise im heißen Öl geben etwa 8 Minuten braten, bis die Bällchen goldbraun sind. Nicht mehr als 6 Bällchen auf einmal frittieren, sonst wird das Öl zu kalt. Auf diese Weise 18–20 Bällchen zubereiten. Die Bällchen auf Küchenpapier gut abtropfen lassen. Mit Petersilie garnieren und mit Aïoli servieren.

Fischbratlinge

Zutaten

FÜR 4 PERSONEN

500 g mehlig kochende Kartoffeln, grob gewürfelt
500 g gemischtes Fischfilet ohne Haut, z. B. von Kabeljau und Lachs
2 EL frisch gehackter Estragon
abgeriebene Schale von 1 Zitrone
2 EL Schlagsahne
Salz und Pfeffer
1 EL Mehl
1 Ei, verquirlt
125 g frische Semmelbrösel aus Weiß- oder Vollkornbrot
4 EL Pflanzenöl, zum Braten
Brunnenkressesalat, zum Servieren

Zubereitung

1 Die Kartoffeln 15–20 Minuten in kochendem Salzwasser weich garen, dann abgießen und mit einem Kartoffelstampfer zu einem glatten Püree verarbeiten.

2 Die Fischfilets in eine Pfanne geben und mit Wasser übergießen, bis sie gerade bedeckt sind. Bei mittlerer Hitze zum Kochen bringen, dann die Hitze reduzieren und den Fisch 5 Minuten sanft köcheln lassen, bis er gar ist. Anschließend vom Herd nehmen, abgießen, auf einen Teller legen und abkühlen lassen. Dann die Filets in kleine Stücke zupfen; dabei alle eventuellen Gräten entfernen.

3 Die Kartoffelmasse mit dem Fisch, dem Estragon, der Zitronenschale und der Sahne mischen. Mit Salz und Pfeffer würzen und zu 4 großen oder 8 kleinen Bratlingen formen. Diese mit Mehl bestäuben, in das verquirlte Ei tauchen und in den Semmelbröseln wenden. Anschließend auf ein Backblech legen und mindestens 30 Minuten kalt stellen.

4 Das Bratöl in einer Pfanne erhitzen und die erkalteten Bratlinge darin bei mittlerer Hitze von jeder Seite 5 Minuten braten; dabei mit einem Pfannenwender vorsichtig wenden.

5 Die fertigen Bratlinge mit knackigem Brunnenkressesalat servieren.

Thunfischtaler

Zutaten

FÜR 4 PERSONEN

250 g Kartoffeln, gewürfelt
1 EL natives Olivenöl extra
1 große Schalotte, fein gehackt
1 Knoblauchzehe, fein gehackt
1 TL Thymianblätter
400 g Thunfisch aus der Dose, abgetropft
abgeriebene Schale von 1/2 Zitrone
1 EL frisch gehackte Petersilie
Salz und Pfeffer
2–3 EL Mehl
1 Ei, leicht verquirlt
125 g frische Semmelbrösel
Pflanzenöl, zum Ausbacken
frischer Salat, zum Servieren

Schnelle Tomatensauce

2 EL natives Olivenöl extra
1 Knoblauchzehe, zerdrückt
500 g Tomaten aus der Dose, gewürfelt
1 TL Zucker
abgeriebene Schale von 1 Zitrone
1 EL frisch gehacktes Basilikum
Salz und Pfeffer

Zubereitung

1 Für die Thunfischtaler Kartoffeln 12–15 Minuten in reichlich kochendem Salzwasser kochen, bis sie gar sind. Grob zerstampfen und beiseitestellen. Das Olivenöl in einer kleinen Pfanne erhitzen und die Schalotte 5 Minuten glasig andünsten. Knoblauch und Thymian einrühren und 1 weitere Minute dünsten. Etwas abkühlen lassen, dann mit Thunfisch, Zitronenschale und Petersilie zu den Kartoffeln geben und mit Salz und Pfeffer abschmecken. Alles gut, aber nicht zu glatt verrühren.

2 Die Mischung zu 6–8 Küchlein formen und diese nacheinander in Mehl, Ei und Semmelbröseln wenden. 30 Minuten kalt stellen.

3 In der Zwischenzeit für die Sauce Olivenöl, Knoblauch, Tomaten, Zucker, Zitronenschale und Basilikum in einem Topf zum Kochen bringen. Abschmecken, abdecken und 30 Minuten sanft köcheln lassen, dann offen 15 Minuten köchelnd eindicken lassen.

4 Den Boden einer Pfanne großzügig mit Öl bedecken und erhitzen. Die Fischtaler in mehreren Portionen 3–4 Minuten von jeder Seite goldgelb und knusprig ausbacken. Auf Küchenpapier abtropfen lassen und mit der Tomatensauce sowie frischem Salat servieren.

Quiche mit Thunfisch & Käse

Zutaten

FÜR 4 PERSONEN

450 g mehlig kochende Kartoffeln, gewürfelt
25 g Butter
6 EL Mehl
frischer Salat oder gemischtes Gemüse, zum Servieren

Füllung

1 EL Pflanzenöl
1 Schalotte, gehackt
1 Knoblauchzehe, zerdrückt
1 rote Paprika, gewürfelt
175 g Thunfisch aus der Dose, abgetropft
50 g Mais aus der Dose, abgetropft
150 ml Milch
3 Eier, verquirlt
1 EL frisch gehackter Dill
Salz und Pfeffer
50 g vollreifer, herzhafter Käse, gerieben

Garnierung

frische Dillzweige
Zitronenschnitze

Zubereitung

1 Die Kartoffeln in kochendem Wasser 10 Minuten garen. Abgießen und zu Püree zerstampfen. Mit Butter und Mehl zu einem Teig verarbeiten.

2 Den Backofen auf 200 °C vorheizen. Den Teig auf einer bemehlten Arbeitsfläche durchkneten und eine Quicheform (20 cm Ø) damit auslegen. Den Teig mehrmals mit einer Gabel einstechen, mit Backpapier bedecken, mit trockenen Hülsenfrüchten beschweren und im vorgeheizten Ofen 20 Minuten blindbacken.

3 Für die Füllung das Öl erhitzen und Schalotte, Knoblauch und Paprika darin 5 Minuten dünsten. Abgießen und auf den vorgebackenen Teigboden geben. Den Thunfisch zerpflücken und mit dem Mais darauf verteilen. Milch, Eier und Dill in einer Schüssel verquirlen und mit Salz und Pfeffer abschmecken.

4 Die Eimischung über die Fisch-Gemüse-Mischung verteilen und mit Käse bestreuen.

5 Die Quiche im Backofen 20 Minuten backen, bis die Füllung gestockt ist. Mit Dill und Zitronenschnitzen garnieren und frischen Salat oder gemischtes Gemüse dazu reichen.

Hauptgerichte

Angenehm sättigende warme Hauptgerichte für die kalte Jahreszeit sind ohne Kartoffeln kaum denkbar und goldbraune knusprige Aufläufe ein wahres Fest für die Sinne – sie duften herrlich, sehen verführerisch aus und schmecken … nun, probieren Sie sie selbst! Beginnen Sie vielleicht mit dem *Seefahrerauflauf,* einem ebenso deftigen wie raffinierten Gericht. Von einer Haube aus Kartoffelpüree wird auch der *Auflauf mit Fleisch & Karotten* gekrönt, ebenso wie der Dritte im Bunde, der auch für Vegetarier verlockende *Gemüseauflauf mit Kartoffelkruste.*

Teigpasteten sind ebenfalls unwiderstehlich. Probieren Sie die köstliche *Fleisch-Nierchen-Pastete,* die *Pastete mit Porree & Hähnchen* oder die orientalisch anmutenden *Gemüse-Parathas* oder *Curry-Taschen mit würziger Kartoffelfüllung.*

Im Winter sind auch Schmorgerichte sehr gefragt, etwa *Stifado,* ein beliebtes griechisches Rindfleischgericht, oder der *Französische Bauerntopf* mit einem erfrischenden Hauch von Minze und einem Schuss Rosé.

Für festliche Anlässe empfehlen sich die *Kartoffel-Fontina-Quiche mit Rosmarin* mit ihrem köstlichen Blätterteigmantel oder das *Kartoffelgratin mit Kräutern & Räucherlachs* – mit diesen Kreationen werden Sie einen nachhaltigen Eindruck hinterlassen.

Kartoffel-Fontina-Quiche mit Rosmarin

Zutaten

FÜR 4 PERSONEN

250 g Fertigblätterteig

Füllung

3–4 fest kochende Kartoffeln
300 g Fontina-Käse, gewürfelt
1 rote Zwiebel, in dünnen Ringen
3 große frische Rosmarinzweige
3 EL natives Olivenöl extra
Salz und Pfeffer
1 Eigelb

Zubereitung

1 Den Teig auf einer bemehlten Arbeitsfläche zu einem großen Kreis von 25 cm Durchmesser ausrollen und auf ein Backblech legen. Den Backofen auf 190 °C vorheizen.

2 Die Kartoffeln schälen und in sehr dünne Scheiben schneiden. Den Teigkreis fächerartig mit den Kartoffelscheiben belegen, dabei einen 2 cm breiten Rand lassen.

3 Die Käsewürfel und Zwiebelringe darauf verteilen, mit Rosmarin bestreuen und mit Öl beträufeln. Mit Salz und Pfeffer würzen, zuletzt den Teigrand mit Eigelb bestreichen.

4 Die Quiche 25 Minuten backen, bis die Kartoffeln gar sind und der Teig braun und knusprig ist.

Tomaten-Kartoffel-Tortilla

Zutaten

FÜR 6 PERSONEN

1 kg Kartoffeln, geschält und gewürfelt

2 EL natives Olivenöl extra

1 Bund Frühlingszwiebeln, in Ringen

125 g Kirschtomaten, halbiert

6 Eier

3 EL Wasser

Salz und Pfeffer

2 EL frisch gehackte Petersilie

Zubereitung

1 Die Kartoffeln in leicht gesalzenem Wasser 8–10 Minuten gar kochen. Abtropfen lassen und beiseitestellen.

2 Den Backofengrill auf mittlerer Stufe vorheizen. Das Öl in einer großen hitzebeständigen Pfanne erhitzen und die Frühlingszwiebeln darin weich dünsten. Die Kartoffeln zufügen und 3–4 Minuten unter Rühren dünsten, bis sie mit Öl überzogen und heiß sind. Alles glatt streichen und die Tomatenhälften in die Kartoffel-Zwiebel-Mischung drücken.

3 Eier, Wasser, Salz, Pfeffer und Petersilie in einer Schüssel vermengen und über die Kartoffelmischung gießen. Die Tortilla bei geringer Hitze 10–15 Minuten garen, bis sie einigermaßen fest ist.

4 Die Pfanne unter den heißen Grill im Backofen stellen, bis die Oberfläche der Tortilla braun und fest ist. 10–15 Minuten in der Pfanne abkühlen lassen, dann auf einen Teller oder ein Brett gleiten lassen. In Stücke schneiden und sofort servieren.

Gemüseauflauf mit Kartoffelhaube

Zutaten

FÜR 2 PERSONEN

500 g Kartoffeln, grob gewürfelt
2 EL fettarme Milch
1 TL natives Olivenöl extra
1 kleine Zwiebel, fein gehackt
60 g getrocknete braune Linsen
1 Knoblauchzehe, gehackt
1 Selleriestange, fein gehackt
115 g braune Champignons, fein gehackt
1 mittelgroße Karotte, fein gehackt
125 ml Gemüsebrühe
2 TL Worcestersauce
400 g gehackte Tomaten mit Kräutern, aus der Dose
1 TL gemischte getrocknete Kräuter
Salz und Pfeffer
25 g Gouda, gerieben

Zubereitung

1 Die Kartoffeln etwa 15 Minuten in kochendem Salzwasser weich garen, dann abgießen, stampfen, mit der Milch vermengen und beiseitestellen.

2 Während die Kartoffeln kochen, das Öl in einer beschichteten Pfanne erhitzen und die Zwiebel darin ein paar Minuten unter gelegentlichem Rühren weich dünsten.

3 Linsen, Knoblauch und Sellerie in die Pfanne geben und gut unterrühren. Dann Pilze, Karotte, Brühe, Worcestersauce, Tomaten und Kräuter zufügen. Alles aufkochen, dann die Hitze reduzieren, die Pfanne abdecken und das Gemüse 25 Minuten sanft köcheln lassen, bis die Sauce eingedickt ist und die Linsen gar sind. Falls die Flüssigkeit unterdessen zu stark einkocht, noch etwas Wasser oder Brühe nachgießen. Das fertige Gemüse mit Salz und Pfeffer abschmecken.

4 Den Backofen auf 190 °C vorheizen. Das Gemüse in eine Auflaufform füllen und darin glatt streichen. Das vorbereitete Kartoffelpüree darauf verteilen und mit dem Käse bestreuen.

5 Den Auflauf im Ofen 15 Minuten goldbraun backen.

Kartoffel-Brokkoli-Pastete

Zutaten

FÜR 4 PERSONEN

500 g fest kochende Kartoffeln, in groben Stücken
30 g Butter
1 EL Pflanzenöl
175 g mageres Schweinefleisch, gewürfelt
1 rote Zwiebel, in Achteln
35 g Mehl
150 ml Gemüsebrühe
150 ml Milch
75 g Dolcelatte oder ein anderer Blauschimmelkäse, zerkrümelt
75 g Brokkoli, in Röschen zerteilt
25 g Walnusskerne
Salz und Pfeffer
250 g Fertigblätterteig, Tiefkühlware aufgetaut
Milch, zum Einpinseln

Zubereitung

1 Die Kartoffeln in kochendem Wasser 5 Minuten garen, abgießen und beiseitestellen.

2 Unterdessen Butter und Öl in einer Pfanne erhitzen und das Fleisch darin 5 Minuten von allen Seiten braun braten.

3 Die Zwiebel zufügen und 2 Minuten dünsten, dann das Mehl einrühren und 1 Minute mitdünsten. Nach und nach Brühe und Milch zugießen und unter ständigem Rühren aufkochen.

4 Käse, Brokkoli, Kartoffeln und Nüsse einrühren und alles 5 Minuten köcheln lassen. Mit Salz und Pfeffer abschmecken und in eine Auflaufform geben.

5 Den Teig auf einer bemehlten Arbeitsfläche so ausrollen, dass er 1,5 cm breiter ist als die Form. Einen Teigstreifen zuschneiden, der um den Rand der Form passt. Diesen rund um den oberen Innenrand legen und andrücken. Dann die Teigplatte darauflegen und am Rand gut andrücken.

6 Zwei Schlitze in die Deckplatte schneiden. Die Teigplatte mit Milch einpinseln und die Pastete im vorgeheizten Backofen bei 200 °C etwa 25 Minuten backen, bis sie aufgegangen und goldbraun ist.

Gemüseauflauf mit Kartoffelkruste

Zutaten

FÜR 4 PERSONEN

1 Karotte, gewürfelt
175 g Blumenkohl, in Röschen
175 g Brokkoli, in Röschen
1 Fenchelknolle, in Scheiben
75 g grüne Bohnen, halbiert
25 g Butter
30 g Mehl
150 ml Gemüsebrühe
150 ml trockener Weißwein
150 ml Milch
2 EL frisch gehackter Salbei
175 g braune Champignons, geviertelt

Kartoffelkruste

900 g mehlig kochende Kartoffeln, gewürfelt
25 g Butter
4 EL Naturjoghurt
75 g frisch geriebener Parmesan
1 TL Fenchelsamen
Salz und Pfeffer

Zubereitung

1 Karotte, Blumenkohl, Brokkoli, Fenchel und Bohnen in kochendem Wasser 10 Minuten blanchieren. Sorgfältig abgießen und dann beiseitestellen.

2 Butter in einer Pfanne zerlassen, das Mehl einrühren und 1 Minute unter Rühren anschwitzen. Brühe, Wein und Milch einrühren und kurz aufkochen. Dabei ständig rühren, bis die Flüssigkeit eingedickt ist. Das blanchierte Gemüse, Salbei und Pilze zugeben.

3 Unterdessen die Kartoffeln in kochendem Wasser 10–15 Minuten gar kochen. Abgießen und mit der Butter, dem Joghurt und der Hälfte des Käses zu Püree zerstampfen. Fenchelsamen einrühren und mit Salz und Pfeffer abschmecken.

4 Den Backofen auf 190 °C vorheizen. Das Gemüse in eine 1-l-Auflaufform geben und ganz mit dem Kartoffelpüree bedecken. Mit dem restlichen Käse bestreuen und im vorgeheizten Ofen bei 30–35 Minuten backen, bis die Kartoffeldecke goldbraun ist. Sofort servieren.

Gemüse-Parathas

Zutaten

FÜR 6 PERSONEN

Teig

225 g Vollkornmehl (Ata- oder Chapati-Mehl), und etwas mehr, zum Bestäuben
1/2 TL Salz
200 ml Wasser
4 EL Ghee

Füllung

700 g Kartoffeln
1/2 TL gemahlene Kurkuma
1 TL Garam Masala
1 TL frisch gehackte Ingwerwurzel
1 EL frisch gehackter Koriander
3 frische grüne Chillies, entkernt und fein gehackt
1 TL Salz

Zubereitung

1 Mehl, Salz, Wasser und 1 1/4 Teelöffel Ghee in einer Schüssel zu einem Teig verkneten.

2 Den Teig in 6 Portionen aufteilen. Jede Portion auf einer bemehlten Arbeitsfläche ausrollen und in der Mitte mit je 1/2 Teelöffel Ghee bestreichen. Die Teigstücke zusammenklappen, zu einer Rolle formen, flach drücken und locker um einen Finger wickeln, sodass eine Spirale entsteht. Diese Spiralen zu Teigscheiben von etwa 18 cm Durchmesser ausrollen – dabei wenn nötig erneut mit etwas Mehl bestäuben.

3 Für die Füllung die Kartoffeln in kochendem Wasser weich garen und zerstampfen.

4 Kurkuma, Garam Masala, Ingwer, Koriander, Chillies und Salz in einer Schüssel vermengen. Unter die zerstampften Kartoffeln rühren, dann mit der Mischung 4 Teigscheiben mittig belegen. Mit den 4 restlichen Teigscheiben bedecken und die Ränder zusammendrücken.

5 Das restliche Ghee in einer Pfanne erhitzen. Die Parathas portionsweise darin unter vorsichtigem Wenden und Schieben mit einem Pfannenheber goldbraun braten. Falls nötig, zusätzliches Ghee in die Pfanne geben. Die fertigen Parathas aus der Pfanne nehmen und sofort servieren.

Curry-Taschen

Zutaten

FÜR 4 PERSONEN

225 g Weizenvollkornmehl
100 g Pflanzenmargarine, in kleinen Stücken
4 EL Wasser
2 EL Pflanzenöl
225 g Wurzelgemüse (z. B. Kartoffeln, Karotten und Pastinaken), in Scheiben geschnitten
1 kleine Zwiebel, gehackt
2 Knoblauchzehen, fein gehackt
1/2 TL Currypulver
1/2 TL Kurkuma
1/2 TL gemahlener Kreuzkümmel
1/2 TL körniger Senf
5 EL Gemüsebrühe
Sojamilch, zum Bestreichen

Zubereitung

1 Das Mehl in eine große Schüssel geben und mit der Margarine mit den Fingern zu einem krümeligen Teig verreiben. Diesen mit dem Wasser zu einem glatten Teig verarbeiten. In Frischhaltefolie wickeln und 30 Minuten kalt stellen.

2 Für die Füllung das Öl in einer großen Pfanne erhitzen. Wurzelgemüse, Zwiebel und Knoblauch darin 2 Minuten garen, dann die Gewürze und den Senf einrühren. Das Gemüse gut in den Gewürzen wenden und alles 1 weitere Minute garen.

3 Die Gemüsebrühe zugießen. Aufkochen lassen, dann die Hitze reduzieren, die Pfanne abdecken und alles 20 Minuten unter gelegentlichem Rühren köcheln lassen, bis das Gemüse zart ist und die Brühe aufgesogen hat. Anschließend abkühlen lassen.

4 Den Teig in 4 Stücke teilen. Diese zu Scheiben von 15 cm Durchmesser ausrollen. Jeweils ein Viertel der Füllung auf eine Scheibenhälfte geben.

5 Die Teigränder mit Sojamilch bestreichen, die Scheiben zusammenfalten und die Ränder festdrücken. Die Taschen auf ein Backblech legen und im vorgeheizten Backofen bei 200 °C 25–30 Minuten goldbraun backen.

Süßkartoffelcurry mit Linsen

Zutaten

FÜR 1 PERSON

1 TL Pflanzenöl

100 g Süßkartoffeln, in mundgerechten Stücken

75 g Kartoffeln, in mundgerechten Stücken

1 kleine Zwiebel, fein gehackt

1 kleine Knoblauchzehe, fein gehackt

1 kleine frische grüne Chili, entkernt und gehackt

1/2 TL Ingwerpulver

60 g getrocknete grüne Linsen

75–100 ml Gemüsebrühe

1/2 TL Garam Masala

Pfeffer

1 EL fettarmer Naturjoghurt

gekochter Basmati-Reis, zum Servieren

Zubereitung

1 Das Öl in einem beschichteten Topf erhitzen. Die Süßkartoffeln darin bei mittlerer Hitze unter gelegentlichem Rühren 5 Minuten dünsten.

2 Parallel die Kartoffelwürfel 6 Minuten in kochendem Salzwasser vorgaren. Dann abgießen und beiseitestellen.

3 Die Süßkartoffeln mit einem Schaumlöffel aus dem Topf heben und beiseitestellen. Die Zwiebel in den Topf geben und 5 Minuten unter gelegentlichem Rühren glasig dünsten. Anschließend Knoblauch, Chili und Ingwerpulver einrühren und 1 Minute mitdünsten.

4 Die Süßkartoffeln zusammen mit den vorgegarten Kartoffeln, den Linsen, der Hälfte der Brühe, dem Garam Marsala und etwas Pfeffer in den Topf geben. Alles gut verrühren, dann aufkochen, den Topf abdecken, die Hitze reduzieren und das Gemüse 20 Minuten sanft köcheln lassen; dabei eventuell etwas Brühe zugießen, falls das Curry zu trocken wird.

5 Den Joghurt unter das fertige Curry rühren und dieses zu gekochtem Basmati-Reis servieren.

Blumenkohlauflauf

Zutaten

FÜR 4 PERSONEN

500 g Blumenkohl, in Röschen zerteilt
600 g Kartoffeln, gewürfelt
100 g Kirschtomaten

Sauce

2 EL Butter oder Margarine
1 Porreestange, in Ringen
1 Knoblauchzehe, zerdrückt
3 EL Mehl
300 ml Milch
75 g gemischter Käse (z. B. Emmentaler, Parmesan oder Gruyère), gerieben
1/2 TL Paprikapulver
2 EL frisch gehackte glatte Petersilie, plus etwas mehr zum Garnieren
Salz und Pfeffer

Zubereitung

1 Den Blumenkohl 10 Minuten in kochendem Wasser garen. Abgießen und beiseitestellen. Die Kartoffeln 10 Minuten in kochendem Wasser garen, abgießen und ebenfalls beiseitestellen.

2 Für die Sauce die Butter oder Margarine in einem Topf zerlassen, Porree und Knoblauch darin 1 Minute andünsten. Das Mehl zugeben und 1 Minute mitdünsten. Den Topf vom Herd nehmen und nach und nach Milch, 50 g des Käses, Paprikapulver und Petersilie einrühren. Den Topf zurück auf den Herd stellen und die Mischung unter Rühren zum Kochen bringen. Mit Salz und Pfeffer abschmecken.

3 Den Blumenkohl in eine Auflaufform geben. Die Tomaten zufügen und mit den Kartoffeln bedecken. Die Sauce über die Kartoffeln gießen und den Auflauf mit dem restlichen Käse bestreuen.

4 Den Auflauf bei 180 °C im vorgeheizten Backofen 20 Minuten backen, bis das Gemüse gar und der Käse goldbraun ist und Blasen wirft. Das fertige Gericht mit Petersilie garnieren und sofort servieren.

Spanischer Kartoffelauflauf

Zutaten

FÜR 4 PERSONEN

700 g fest kochende Kartoffeln, gewürfelt
3 EL natives Olivenöl extra
1 Zwiebel, halbiert und in Ringe geschnitten
2 Knoblauchzehen, zerdrückt
400 g Tomaten aus der Dose, gehackt
75 g Chorizo, in Scheiben
1 grüne Paprika, in Streifen
1/2 TL Paprikapulver
25 g schwarze Oliven, entsteint und halbiert
8 Eier
Salz und Pfeffer
1 EL frisch gehackte Petersilie, zum Garnieren
knuspriges frisches Brot, zum Servieren

Zubereitung

1 Die Kartoffeln in leicht gesalzenem kochenden Wasser 10 Minuten garen. Dann gut abgießen und zunächst beiseitestellen.

2 Das Öl in einer großen Pfanne erhitzen, Zwiebel und Knoblauch darin 2–3 Minuten unter Rühren glasig dünsten.

3 Die Tomaten mit ihrem Saft zugießen und alles bei schwacher Hitze etwa 10 Minuten einkochen lassen.

4 Kartoffeln, Chorizo, Paprika, Paprikapulver und Oliven unterrühren. Alles unter häufigem Rühren weitere 5 Minuten dünsten, anschließend in eine flache Auflaufform füllen.

5 Mit dem Löffelrücken 8 kleine Vertiefungen in die Mischung drücken und behutsam jeweils 1 aufgeschlagenes Ei hineingeben. Die Eier kräftig mit Salz und Pfeffer würzen. Den Auflauf im vorgeheizten Backofen bei 225 °C 5–6 Minuten backen, bis die Eier gestockt sind.

6 Das fertige Gericht mit Petersilie bestreuen und in der Auflaufform zu knusprigem Brot servieren.

Vier-Käse-Kartoffel-Auflauf

Zutaten

FÜR 4 PERSONEN

1 kg fest kochende Kartoffeln, ungeschält und in Spalten
30 g Butter
1 rote Zwiebel, halbiert und in Ringen
2 Knoblauchzehen, zerdrückt
40 g Mehl
600 ml Milch
400 g eingelegte Artischockenherzen aus der Dose, abgetropft und halbiert
150 g gemischtes Gemüse, Tiefkühlware aufgetaut
150 g Gruyère, gerieben
150 g vollreifer Hartkäse, gerieben
50 g Gorgonzola, zerbröckelt
25 g frisch geriebener Parmesan
250 g Tofu, in Scheiben
2 EL frisch gehackter Thymian
Salz und Pfeffer
Thymianzweige, zum Garnieren

Zubereitung

1 Die Kartoffeln in kochendem Wasser 10 Minuten garen. Gründlich abgießen.

2 In der Zwischenzeit die Butter in einer Pfanne zerlassen, Zwiebel und Knoblauch darin 2–3 Minuten dünsten. Das Mehl einrühren und 1 Minute mitdünsten, dann unter ständigem Rühren nach und nach die Milch zugießen und aufkochen.

3 Die Hitze reduzieren und die Artischockenherzen, das Mischgemüse, jeweils die Hälfte der 4 Käsesorten und den Tofu zugeben. Alles sorgfältig vermengen, dann mit Thymian bestreuen und mit Salz und Pfeffer abschmecken.

4 Den Backofen auf 200 °C vorheizen. Den Boden einer Auflaufform mit einer Schicht Kartoffeln auslegen. Die Gemüsemischung auf der Kartoffelschicht verteilen und anschließend die restlichen Kartoffeln über das Gemüse schichten. Den restlichen Käse darüberstreuen.

5 Den Auflauf im vorgeheizten Ofen 30 Minuten backen, bis die Kartoffeln gar sind und der Auflauf goldbraun und knusprig ist. Mit Thymian garnieren und sofort servieren.

Mediterranes Röstgemüse mit Kartoffelspalten

Zutaten

FÜR 4 PERSONEN

300 g Kartoffeln, abgebürstet
200 g Auberginen, in 1 cm großen Würfeln
125 g rote Zwiebeln, in 5 mm breiten Ringen
200 g gemischte Paprika, in 1 cm breiten Streifen
175 g Zucchini, längs halbiert und in 1 cm breiten Scheiben
125 g Kirschtomaten
100 g Frischkäse
1 TL klarer Honig
1 Prise Paprikapulver
1 TL frisch gehackte Petersilie

Marinade

1 TL Pflanzenöl
1 EL Zitronensaft
4 EL Weißwein
1 TL Zucker
2 EL frisch gehacktes Basilikum
1 TL frisch gehackter Rosmarin
1 EL frisch gehackter Zitronenthymian
1/4 TL Paprikapulver

Zubereitung

1 Den Backofen auf 200 °C vorheizen und darin die Kartoffeln 30 Minuten backen. Herausnehmen und in Spalten schneiden; sie sollen innen noch nicht ganz gar sein. Den Backofen anlassen.

2 Für die Marinade alle Zutaten in einer Schüssel mit Schneebesen oder Mixer glatt rühren.

3 Kartoffelspalten, Auberginen, Zwiebeln, Paprika und Zucchini in eine große Schüssel geben, mit der Marinade übergießen und gründlich vermengen.

4 Das Gemüse auf ein beschichtetes oder mit Alufolie ausgelegtes Backblech legen und unter gelegentlichem Wenden 25–30 Minuten rösten, bis es goldbraun und gar ist. Während der letzten 5 Minuten Backzeit die Tomaten zufügen, damit sie warm werden und ihre Haut nur leicht aufplatzt.

5 Frischkäse, Honig und Paprikapulver in einer kleinen Schale mischen.

6 Das fertige Gemüse mit Petersilie bestreuen und mit der Frischkäsemischung servieren.

Geschmortes Rindfleisch mit Kartoffel-Senf-Püree

Zutaten

FÜR 2 PERSONEN

2 TL Pflanzenöl
250 g mageres Schmorfleisch, in 8 Stücken
10 kleine Schalotten
1 Knoblauchzehe, zerdrückt
1 Tomate, gehackt
250 g Champignons, in dünnen Scheiben
150 ml Rotwein
100 ml Hühnerbrühe
1 kleines Bouquet garni
Pfeffer
1 TL Speisestärke

Kartoffel-Senf-Püree

2 mitttelgroße mehlig kochende Kartoffeln, geschält und in Scheiben
25 ml Milch, erwärmt
1 TL Dijon-Senf

Zubereitung

1 Den Backofen auf 180 °C vorheizen. Das Öl in einem Bräter erhitzen. Fleisch und Schalotten darin bei starker Hitze 4–5 Minuten anbraten, bis das Fleisch gebräunt ist. Dann Knoblauch, Tomate, Pilze, Wein, Brühe und das Bouquet garni zufügen.

2 Aufkochen, den Topf abdecken und im vorgeheizten Ofen 45–60 Minuten schmoren, bis das Fleisch gar ist.

3 Etwa 30 Minuten vor Ende der Schmorzeit die Kartoffeln in kochendem Salzwasser 20 Minuten garen. Dann abgießen und mit der Milch zu einem glatten Püree verarbeiten. Den Senf einrühren, das fertige Püree beiseitestellen und warm halten.

4 Fleisch und Gemüse mit einem Schaumlöffel aus dem Bräter heben und in eine vorgewärmte Servierschüssel füllen. Den im Bräter verbliebenen Sud bei starker Hitze zur Hälfte einkochen. Dann die Hitze reduzieren, das Bouquet garni entfernen und die Sauce mit Pfeffer abschmecken.

5 Die Stärke mit etwas kaltem Wasser zu einer glatten Paste verrühren. Mit der Sauce verrühren und diese erneut aufkochen. Über das Fleisch gießen und dieses zusammen mit dem Kartoffel-Senf-Püree sofort servieren.

Stifado

Zutaten

FÜR 6 PERSONEN

500 g Tomaten, gehäutet
150 ml Rindfleischbrühe
2 EL natives Olivenöl extra
500 g Schalotten, geschält
2 Knoblauchzehen, fein gehackt
700 g Schmorfleisch vom Rind, in 2,5 cm großen Würfeln
1 frischer Rosmarinzweig
1 Lorbeerblatt
2 EL Rotweinessig
Salz und Pfeffer
500 g Kartoffeln, geviertelt

Zubereitung

1 Tomaten und Brühe im Mixer glatt pürieren. Oder die Tomaten mit einem Holzlöffel durch ein Sieb in eine Schüssel streichen und anschließend mit der Brühe vermengen.

2 Das Öl in einer Kasserolle oder einem großen Topf erhitzen. Die Schalotten und den Knoblauch darin bei geringer Hitze etwa 8 Minuten dünsten, bis die Schalotten goldbraun gefärbt sind; dabei gelegentlich umrühren. Anschließend das Gemüse mit einem Schaumlöffel vorsichtig aus der Pfanne heben und auf einen Teller legen. Dann das Fleisch in den Topf geben und unter Rühren 5–8 Minuten rundum anbräunen.

3 Schalotten und Knoblauch in den Topf zurückgeben. Die Tomatenmischung, Rosmarin, Lorbeerblatt, Essig sowie etwas Salz und Pfeffer zufügen. Abdecken und etwa 90 Minuten köcheln lassen. Dann die Kartoffeln zugeben und alles weitere 30 Minuten kochen. Rosmarin und Lorbeerblatt entfernen und das fertige Gericht sofort servieren.

Auflauf mit Fleisch & Karotten

Zutaten

FÜR 4 PERSONEN

500 g Rinderhack
1 Zwiebel, gehackt
1 Knoblauchzehe, zerdrückt
1 EL Mehl
300 ml Rinderbrühe
2 EL Tomatenmark
1 Selleriestange, gehackt
3 EL frisch gehackte Petersilie
1 EL Worcestersauce
Salz und Pfeffer
700 g mehlig kochende Kartoffeln, gewürfelt
2 große Karotten, gewürfelt
2 EL Butter
3 EL Milch

Zubereitung

1 Das Hackfleisch etwa 3–4 Minuten bei starker Hitze ohne Fettzugabe scharf anbraten. Zwiebel und Knoblauch zufügen und weitere 5 Minuten unter Rühren dünsten.

2 Das Mehl einrühren und 1 Minute mitdünsten. Nach und nach Brühe und Tomatenmark zugeben, dann Sellerie, 1 Esslöffel Petersilie und die Worcestersauce. Mit Salz und Pfeffer abschmecken. Kurz aufkochen, dann die Hitze reduzieren und alles bei geringer Hitze 20–25 Minuten köcheln lassen. Anschließend in eine Auflaufform (1 l Inhalt) geben.

3 In der Zwischenzeit die Kartoffeln und Karotten in kochendem Wasser 10 Minuten garen. Abgießen und zu Püree zerstampfen.

4 Butter, Milch und die restliche Petersilie unter das Püree mengen und mit Salz und Pfeffer abschmecken. Das Hackfleisch vollständig mit dem Püree bedecken.

5 Den Auflauf im vorgeheizten Backofen bei 190 °C in 45 Minuten gar backen und dann heiß servieren.

Fleisch-Nierchen-Pastete

Zutaten

FÜR 4 PERSONEN

250 g fest kochende Kartoffeln, gewürfelt
2 EL Butter
500 g mageres Rindersteak, gewürfelt
150 g Rinderniere, geputzt und gewürfelt
12 Schalotten
30 g Mehl
150 ml Rinderbrühe
150 ml Bock- oder Altbier
Salz und Pfeffer
250 g Fertigblätterteig, Tiefkühlware aufgetaut
1 Ei, verquirlt

Zubereitung

1 Die Kartoffeln in kochendem Wasser 10 Minuten garen. Gut abgießen.

2 Unterdessen die Butter in einem Topf zerlassen und darin unter ständigem Rühren Fleisch und Nieren etwa 5 Minuten anbraten, bis sie von allen Seiten gut gebräunt sind. Die Schalotten zugeben und weitere 3–4 Minuten dünsten. Das Mehl einrühren und 1 Minute mitdünsten. Unter ständigem Rühren nach und nach Brühe und Bier zugießen und kurz aufkochen.

3 Die Kartoffeln zugeben, abschmecken, dann die Mischung abgedeckt 1 Stunde leicht köcheln lassen. Gelegentlich rühren. Anschließend alles in eine Pastetenform geben.

4 Den Backofen auf 230 °C vorheizen. Den Blätterteig auf einer leicht bemehlten Arbeitsfläche ausrollen, bis er etwa 1 cm breiter ist als die Pastetenform. Einen Teigstreifen zuschneiden, der um den Rand der Form passt. Den Rand der Form mit dem Ei einpinseln, den Teigstreifen um den oberen Innenrand der Form legen und sorgfältig andrücken. Dann die Teigplatte darauflegen und am Rand fest andrücken. Gut mit dem Ei einpinseln.

5 Die Pastete im vorgeheizten Ofen 15–20 Minuten backen, bis der Teig aufgegangen und goldbraun ist. Das fertige Gericht herausnehmen und direkt aus der Form servieren.

Französischer Bauerntopf

Zutaten

FÜR 6 PERSONEN

2 EL Maiskeimöl
2 kg entbeinte Lammkeule, in 2,5 cm großen Würfeln
6 Porreestangen, in Ringen
1 EL Mehl
150 ml Roséwein
300 ml Hühnerbrühe
1 EL Tomatenmark
1 EL Zucker
2 EL frisch gehackte Minze
125 g getrocknete Aprikosen, gehackt
Salz und Pfeffer
1 kg Kartoffeln, in Scheiben
3 EL zerlassene Butter
frische Minzezweige, zum Garnieren

Zubereitung

1 Das Öl in einer großen Kasserolle erhitzen. Die Fleischwürfel portionsweise darin bei mittlerer Hitze etwa 5–8 Minuten unter Rühren rundum bräunen. Dann auf einen Teller geben und beiseitestellen.

2 Die Porreeringe in die Kasserolle geben und 5 Minuten unter gelegentlichem Rühren weich dünsten, dann mit dem Mehl bestäuben und 1 weitere Minute unter Rühren dünsten. Wein und Brühe zugießen und unter Rühren aufkochen. Tomatenmark, Zucker, Minze und Aprikosen einrühren und abschmecken.

3 Den Backofen auf 180 °C vorheizen. Das Fleisch in die Kasserolle zurückgeben und untermengen. Die Kartoffelscheiben auf der Mischung verteilen und mit der zerlassenen Butter bestreichen. Dann die Kasserolle abdecken und das Gericht im vorgeheizten Ofen 90 Minuten schmoren.

4 Die Temperatur auf 200 °C erhöhen und das Gericht offen weitere 30 Minuten schmoren, bis die Kartoffeln goldbraun und knusprig sind. Den fertigen Bauerntopf mit Minzezweigen garnieren und sofort servieren.

Pastete mit Porree & Hähnchen

Zutaten

FÜR 4 PERSONEN

250 g fest kochende Kartoffeln
5 EL Butter
1 Hähnchenbrustfilet ohne Haut, gewürfelt (etwa 175 g)
1 Porreestange, in Ringen
150 g braune Champignons, in Scheiben
30 g Mehl
300 ml Milch
1 EL Dijon-Senf
2 EL frisch gehackter Salbei
Salz und Pfeffer
250 g Filo-Teig, Tiefkühlware aufgetaut
3 EL Butter, zerlassen

Zubereitung

1 Die Kartoffeln würfeln und in kochendem Wasser 5 Minuten garen, dann abgießen und beiseitestellen.

2 Die Butter in einer Pfanne zerlassen und die Fleischwürfel darin 5 Minuten bräunen. Porree und Pilze zufügen und weitere 3 Minuten dünsten, dabei umrühren. Das Mehl einrühren und 1 Minute mitdünsten, dann nach und nach die Milch zugießen. Unter Rühren aufkochen. Die Hitze reduzieren, Senf, Salbei und die Kartoffeln einrühren und alles 10 Minuten köcheln lassen. Abschmecken.

3 Den Backofen auf 180 °C vorheizen. Eine tiefe Auflaufform mit der Hälfte des Teigs auslegen. Die Kartoffelmischung hineingeben, mit einer Lage Teig bedecken und diese mit der zerlassenen Butter einpinseln. Eine weitere Lage Teig darauflegen und ebenfalls mit Butter einpinseln.

4 Den restlichen Teig in Streifen schneiden und diese rüschenartig gefaltet auf die Pastete legen. Die Teigstreifen mit Butter einpinseln und dann die Pastete im vorgeheizten Ofen etwa 45 Minuten goldgelb und knusprig backen. Heiß servieren.

Schneller Hühnerauflauf

Zutaten

FÜR 4 PERSONEN

500 g Hühnerfleisch, gehackt
1 große Zwiebel, fein gehackt
2 Karotten, fein gehackt
2 EL Mehl
1 EL Tomatenmark
300 ml Hühnerbrühe
Salz und Pfeffer
1 Prise frisch gehackter Thymian
1,5 kg Kartoffeln, mit Butter und Milch zu Püree verarbeitet und gut gewürzt
75 g Gouda, gerieben
gekochte Erbsen, zum Servieren

Zubereitung

1 Hühnerhack, Zwiebel und Karotten 5 Minuten unter Rühren in einem beschichteten Topf anbraten. Dann mit Mehl bestäuben und weitere 2 Minuten bei geringer Hitze garen.

2 Nach und nach Tomatenmark und Brühe zugießen und alles 15 Minuten köcheln lassen, dann mit Salz, Pfeffer und Thymian würzen. Die Mischung in eine Auflaufform füllen und leicht abkühlen lassen.

3 Den Backofen auf 200 °C vorheizen. Das Kartoffelpüree auf der Fleischmischung verstreichen und mit dem Käse bestreuen. Den Auflauf im vorgeheizten Ofen 20 Minuten backen, bis der Käse geschmolzen und die Kartoffelschicht goldbraun geworden ist.

4 Den fertigen Auflauf mit gekochten Erbsen servieren.

Puten-Kartoffel-Pastete

Zutaten

FÜR 4 PERSONEN

300 g fest kochende Kartoffeln
1 EL Pflanzenöl
2 EL Butter
300 g Putenfleisch, gewürfelt
1 rote Zwiebel, halbiert und in Scheiben
30 g Mehl
300 ml Milch
150 g Crème double
2 Selleriestangen, in Scheiben
75 g getrocknete Aprikosen, gehackt
25 g Walnusskerne
2 EL frisch gehackte Petersilie
Salz und Pfeffer
250 g Fertigmürbeteig, Tiefkühlware aufgetaut
1 Ei, verquirlt

Zubereitung

1 Die Kartoffeln würfeln und in kochendem Wasser 10 Minuten garen. Gründlich abgießen und beiseitestellen.

2 Unterdessen Öl und Butter in einer Pfanne erhitzen und das Putenfleisch darin etwa 5 Minuten unter ständigem Rühren scharf anbraten, bis es gut gebräunt ist.

3 Die Zwiebel zugeben und 2–3 Minuten dünsten, das Mehl einrühren und 1 Minute mitdünsten. Nach und nach Milch und Crème double zugießen und unter Rühren aufkochen. Die Hitze reduzieren, bis die Mischung nur noch leicht köchelt.

4 Sellerie, Aprikosen, Nüsse, Petersilie und Kartoffeln zugeben. Abschmecken und in eine Auflaufform geben.

5 Den Backofen auf 200 °C vorheizen. Den Teig auf einer bemehlten Arbeitsfläche ausrollen, bis er etwa 1,5 cm größer als die Form ist. Einen 1,5 cm breiten Teigstreifen zuschneiden und diesen rund um den leicht angefeuchteten oberen Innenrand der Form legen und andrücken.

6 Dann die Teigplatte darauflegen und am Rand sorgfältig andrücken. Mit dem Ei einpinseln und im vorgeheizten Ofen 25–30 Minuten goldbraun backen. Sofort servieren.

Kartoffelgratin mit Kräutern & Räucherlachs

Zutaten

FÜR 6 PERSONEN

400 ml Milch
3 Knoblauchzehen
2 Lorbeerblätter
50 g Zwiebeln, in Ringen
85 g Porree, gehackt
100 g leicht geräucherter Lachs, in dünnen Streifen
350 g Kartoffeln, in 2 mm breiten Scheiben
2 EL frische Schnittlauchröllchen
2 EL frisch gehackter Dill
1 EL frisch gehackter Estragon
2 TL körniger Senf
Pfeffer
etwas Pflanzenöl, zum Einfetten
35 g Brunnenkresse, zum Garnieren

Zubereitung

1 Die Milch in einen großen Topf gießen. Knoblauch, Lorbeerblätter, Zwiebeln, Porree und Lachs zufügen und bei geringer Hitze erwärmen. Kurz vor dem Sieden der Milch den Lachs mit einem Schaumlöffel aus dem Topf heben und auf einer Platte abkühlen lassen.

2 Die Kartoffeln in die Mischung geben und gut unterrühren. Erneut sanft aufwallen lassen und die Kartoffeln etwa 12 Minuten mitkochen, bis sie gerade weich werden und die Milch durch die Kartoffelstärke leicht eindickt. Nun Knoblauch und Lorbeerblätter entfernen.

3 Kräuter, Senf und Pfeffer in den Topf geben und gut unterrühren. Den Backofen auf 200 °C vorheizen. Eine flache Kuchenform einfetten und den Boden mit Backpapier auslegen. Die Kartoffelmischung hineingeben, mit je einer Lage Backpapier und Alufolie abdecken und 30 Minuten im vorgeheizten Ofen backen.

4 Das Gratin aus dem Ofen nehmen, mit einer Pfanne beschweren und 20 Minuten abkühlen lassen. Dann auf ein Backblech stürzen und unter dem vorgeheizten Backofengrill von oben bräunen.

5 Das fertige Gratin in 6 Stücke schneiden und mit dem Räucherlachs und einer Garnierung aus Brunnenkresse servieren.

Kartoffel-Fisch-Auflauf

Zutaten

FÜR 4 PERSONEN

1 kg mehlig kochende Kartoffeln
5 EL Butter
1 rote Zwiebel, halbiert und in Ringen
5 EL Mehl
500 ml Milch
150 g Crème double
250 g geräuchertes Heilbuttfilet, gewürfelt
250 g Kabeljaufilet, gewürfelt
1 rote Paprika, gewürfelt
125 g Brokkoli, in Röschen zerteilt
Salz und Pfeffer
50 g frisch geriebener Parmesan

Zubereitung

1 Die Kartoffeln in Scheiben schneiden und in kochendem Wasser 10 Minuten garen. Abgießen und beiseitestellen.

2 Die Butter in einer Pfanne zerlassen und die Zwiebel darin 3–4 Minuten andünsten. Das Mehl zufügen und unter Rühren 1 Minute mitdünsten. Nach und nach Milch und Crème double zugießen und unter Rühren aufkochen.

3 Die Hälfte der Kartoffelscheiben in einer Auflaufform verteilen. Fischwürfel, Paprika und Brokkoli zur Sauce in die Pfanne geben und bei geringer Hitze 10 Minuten ziehen lassen. Mit Salz und Pfeffer abschmecken und dann über die Kartoffeln verteilen.

4 Den Backofen auf 180 °C vorheizen. Die Fischmischung mit den restlichen Kartoffeln abdecken und mit dem Parmesan bestreuen. Den Auflauf im vorgeheizten Ofen 30 Minuten backen, bis die Kartoffeln gar sind und die Kruste goldbraun ist. Heiß servieren.

Seefahrerauflauf

Zutaten

FÜR 6 PERSONEN

1 kg weiße Fischfilets ohne Haut, z. B. Scholle
125 g Butter, plus etwas mehr zum Einfetten
Salz und Pfeffer
150 ml trockener Weißwein
1 EL frisch gehackte Petersilie, frisch gehackter Estragon oder frisch gehackter Dill
200 g kleine Champignons, in Scheiben
200 g gekochte Garnelen, ausgelöst
50 g Mehl
150 g Schlagsahne
1 kg mehlig kochende Kartoffeln, grob gewürfelt

Zubereitung

1 Den Backofen auf 180 °C vorheizen. Die Fischfilets zusammenklappen, in eine eingefettete Auflaufform geben, mit Salz und Pfeffer würzen, mit dem Wein übergießen und mit den Kräutern bestreuen. Mit Alufolie abdecken und 15 Minuten im vorgeheizten Backofen garen, bis der Fisch leicht zerfällt. Den Sud abgießen und beiseitestellen. Die Ofentemperatur auf 220 °C erhöhen.

2 Die Champignons mit 15 g Butter in einer Pfanne sautieren und auf dem vorgegarten Fisch verteilen. Die Garnelen darübergeben.

3 Nun 55 g Butter in einem Topf zerlassen. Das Mehl zufügen und kurz anschwitzen, aber nicht bräunen. Den Topf vom Herd nehmen, nach und nach den beiseitegestellten Sud zugießen; dabei ständig rühren. Wieder auf den Herd stellen und die Sauce unter Rühren aufkochen. Dann die Sahne zugeben und abschmecken. Die Sauce auf den Fisch in die Auflaufform gießen und die Oberfläche glatt streichen.

4 Die Kartoffeln 15–20 Minuten in kochendem Salzwasser garen. Gut abgießen und zu einem glatten Püree verarbeiten. Das Püree mit Salz und Pfeffer abschmecken und die restliche Butter unterrühren. Anschließend mit einem Löffel oder einem Spritzbeutel auf der Fischmischung verteilen. Den Auflauf nun 10–15 Minuten im Backofen goldbraun backen und servieren.

Fischtaschen

Zutaten

FÜR 4 PERSONEN

Teig

500 g Mehl, plus etwas mehr zum Bestäuben
4 1/2 TL Backpulver
1 Prise Salz
225 g Butter, in Flocken, plus etwas mehr zum Einfetten
3 EL Wasser
1 Ei, leicht verquirlt
gemischter Blattsalat, zum Servieren

Füllung

4 EL Butter
1 kleine Porreestange, gewürfelt
1 kleine Zwiebel, fein gehackt
1 kleine Karotte, gewürfelt
250 g Kartoffeln, gewürfelt
350 g fester weißer Fisch, in 2,5 cm große Stücke geschnitten
4 TL Weißweinessig
100 g frisch geriebener Gouda
1 TL frisch gehackter Estragon
Salz und Pfeffer

Zubereitung

1 Mehl, Backpulver und Salz in eine große Schüssel sieben. Mit der Butter zu einer feinkrümeligen Masse verreiben, dann mit dem Wasser zu einem Teig verarbeiten und diesen glatt kneten. In Frischhaltefolie einschlagen und 30 Minuten in den Kühlschrank stellen.

2 Für die Füllung die Hälfte der Butter in einer großen Pfanne zerlassen und Porree, Zwiebel und Karotte darin 7–8 Minuten bei schwacher Hitze dünsten. Zum Abkühlen kurz beiseitestellen, dann die Gemüsemischung in eine große Schüssel geben und mit Kartoffeln, Fisch, Essig, der restlichen Butter, Käse und Estragon vermengen. Mit Salz und Pfeffer abschmecken, leicht abdecken und beiseitestellen.

3 Den Teig auf einer leicht bemehlten Arbeitsfläche dünn ausrollen. Vier Kreise von 19 cm Durchmesser ausstechen. Die Füllung mittig auf die einzelnen Scheiben verteilen. Die Teigränder befeuchten, einschlagen und sorgfältig zusammendrücken. Die Teigtaschen auf ein leicht eingefettetes Backblech legen und dann die Oberseiten großzügig mit dem verquirlten Ei bestreichen.

4 Den Backofen auf 200 °C vorheizen und die Fischtaschen darin 15 Minuten backen. Dann aus dem Ofen nehmen und erneut mit Ei bestreichen. Anschließend weitere 20 Minuten backen. Herausnehmen und heiß oder kalt mit Salat servieren.

Beilagen

Gerade als Beilage sind Kartoffeln ideal. Sie lassen sich mit Chili, Knoblauch, Kräutern oder Zitronen- und Limettensaft verfeinern und harmonieren hervorragend mit Käse. Die mit knusprigem Speck verfeinerten *Parmesankartoffeln* sind eine proteinhaltige Beilage zu leichten Hauptgerichten, während die *Frittierten Kartoffeln in Käse-Soufflé-Hülle* mit ihrer locker-leichten Gruyère-Schicht auch als kleiner Snack genossen werden können. Eine klassische Beilage aus Frankreich sind die gratinierten *Dauphine-Kartoffeln* – Kartoffelscheiben, mit Sahne, Gruyère und einem Hauch Knoblauch verfeinert; Vegetarier können sie leicht zum Hauptgericht erweitern.

Die gelungene Kombination von Kartoffeln und Kräutern schlägt sich in so schmackhaften Beilagen wie den *Indischen Kartoffeln mit Spinat* nieder. Mahlen Sie die verwendeten Gewürze am besten selbst, der Unterschied wird Sie begeistern.

Perfekte Bratkartoffeln zubereiten zu können ist ein Muss, handelt es sich doch um eine der beliebtesten Kartoffelbeilagen überhaupt. Es lohnt sich, die Kunst ihrer Zubereitung zu meistern. Dabei ist das Geheimnis ihrer verführerisch knusprigen Hülle so simpel: Rauen Sie das Kartoffelfleisch vor dem Braten leicht auf, und achten Sie darauf, dass das Bratfett wirklich heiß ist – das ist schon alles.

Perfekte Bratkartoffeln

Zutaten

FÜR 6 PERSONEN

1,25 kg große Kartoffeln, z. B. Desirée oder King Edward, geschält und in mundgerechten Stücken
3 EL Schmalz, Gänsefett, Entenfett oder natives Olivenöl extra
Salz

Zubereitung

1 Die Kartoffeln abgedeckt bei mittlerer Hitze 5–7 Minuten in kochendem Salzwasser vorgaren; sie werden nach dem Ende der Kochzeit noch fest sein. Unterdessen den Backofen auf 220 °C vorheizen. Das Fett in einen Bräter geben und diesen in den vorgeheizten Ofen stellen.

2 Die Kartoffeln abgießen und wieder in den Topf zurückgeben. Den Deckel aufsetzen und den Topf kräftig schütteln, damit die Oberflächen der Kartoffeln leicht angeraut werden, wodurch sie beim Braten besonders knusprig werden.

3 Den Bräter aus dem Backofen nehmen und die Kartoffeln vorsichtig in das heiße Fett gleiten lassen. Sie müssen gut darin gewendet werden, damit sie rundum von Fett überzogen sind.

4 Den Bräter wieder in den Backofen geben und die Kartoffeln auf der obersten Schiene 45–50 Minuten backen, bis sie goldbraun und knusprig sind; dabei einmal wenden und erneut gut mit Fett überziehen.

5 Die Kartoffeln mit einem Schaumlöffel aus dem Bräter heben und in eine vorgewärmte Servierschüssel füllen. Vor dem Servieren mit etwas Salz bestreuen.

Parmesankartoffeln

Zutaten

FÜR 4 PERSONEN

1,25 kg Kartoffeln
50 g frisch geriebener Parmesan
1 Prise frisch geriebene Muskatnuss
1 EL frisch gehackte Petersilie
Pflanzenöl, zum Braten
4 Scheiben geräucherter Speck, in Streifen

Zubereitung

1 Die Kartoffeln längs halbieren und in kochendem Salzwasser 10 Minuten garen. Gründlich abgießen.

2 Den Backofen auf 200 °C vorheizen. Parmesan, Muskatnuss und Petersilie in einer kleinen Schüssel gut mischen. Die Kartoffelstücke in der Käsemischung wenden, überschüssigen Käse abschütteln.

3 Etwas Öl in einen Bräter geben und diesen im vorgeheizten Ofen 10 Minuten erhitzen. Die Kartoffeln hineingeben und etwa 30 Minuten rösten, dabei einmal wenden.

4 Den Bräter aus dem Ofen nehmen, den Speck über die Kartoffeln verteilen, dann alles 15 Minuten rösten, bis Kartoffeln und Speck goldbraun sind. Überschüssiges Fett abtropfen lassen und die Kartoffeln sofort servieren.

Ofenkartoffeln mit Chili

Zutaten

FÜR 4 PERSONEN

500 g kleine neue Kartoffeln, gewaschen

150 ml Pflanzenöl

1 TL Chilipulver

1/2 TL Kümmelsamen

1 TL Salz

1 TL frisch gehacktes Basilikum

Zubereitung

1 Die Kartoffeln in kochendem Wasser 10 Minuten garen. Gründlich abgießen.

2 Unterdessen den Backofen auf 220 °C vorheizen. Etwas Öl in einen flachen Bräter geben und diesen im vorgeheizten Ofen 10 Minuten erhitzen. Die Kartoffeln zugeben und im heißen Öl wenden.

3 Chilipulver, Kümmelsamen und Salz in einer kleinen Schüssel mischen und über die Kartoffeln streuen. Die Kartoffeln dabei wenden, bis sie rundum gewürzt sind.

4 Das restliche Öl in den Bräter geben und die Kartoffeln darin 15 Minuten rösten, bis sie durch und durch gar sind.

5 Die Kartoffeln mit einem Schaumlöffel aus dem ÖL herausheben, gut abtropfen lassen und in eine vorgewärmte Servierschüssel geben. Mit Basilikum garnieren und sofort servieren.

Selbst gemachte Backofen-Pommes-Frites

Zutaten

FÜR 4 PERSONEN

500 g große Kartoffeln
2 EL Sonnenblumenöl
Salz und Pfeffer

Zubereitung

1 Den Backofen auf 200 °C vorheizen. Die geschälten Kartoffeln in etwa gleich große dicke Stifte schneiden, unter fließend kaltem Wasser abspülen und mit einem Küchentuch trocken tupfen. Anschließend in eine Schüssel füllen, das Öl zufügen und die Kartoffelstifte sorgfältig darin wenden.

2 Die so vorbereiteten Pommes Frites auf ein Backblech geben und im vorgeheizten Ofen 40–45 Minuten goldbraun backen; dabei einmal wenden. Die fertigen Pommes Frites mit Salz und Pfeffer würzen und sofort servieren.

Bratkartoffeln mit scharfem Paprika

Zutaten

FÜR 6 PERSONEN

3 TL Paprikapulver

1 TL gemahlener Kreuzkümmel

1/4–1/2 TL Cayennepfeffer

1/2 TL Salz

450 g kleine Kartoffeln, gekocht

Maiskeimöl, zum Frittieren

einige Zweige glatte Petersilie, zum Garnieren

Aïoli (siehe Seite 212), zum Servieren (nach Belieben)

Zubereitung

1 Paprika, Kreuzkümmel, Cayennepfeffer und Salz in einer kleinen Schüssel gut mischen, beiseitestellen.

2 Die Kartoffeln in 8 Spalten schneiden. Eine große Bratpfanne etwa 2,5 cm hoch mit Sonnenblumenöl füllen. Das Öl erhitzen, dann die Kartoffelspalten zugeben, sie sollten am besten nebeneinander liegen. Die Kartoffeln etwa 10 Minuten von allen Seiten goldbraun frittieren, dabei von Zeit zu Zeit wenden. Mit einem Schaumlöffel aus der Pfanne nehmen und auf Küchenpapier abtropfen lassen.

3 Die Kartoffeln in eine große Schüssel geben, noch warm mit der Paprikamischung bestreuen und gleichmäßig darin wenden.

4 Die Kartoffeln auf einen großen Teller, in mehrere kleine Schälchen oder kleine Teller geben. Heiß, mit Petersilienzweigen garniert, servieren. Nach Belieben Aïoli als Dip dazu reichen.

Frittierte Kartoffeln in Käse-Soufflé-Hülle

Zutaten

FÜR 4 PERSONEN

1 kg Kartoffeln, in großen Stücken

150 g Crème double

75 g geriebener Gruyère

1 Prise Cayennepfeffer

Salz und Pfeffer

2 Eiweiß

Pflanzenöl, zum Frittieren

Garnierung

frisch gehackte glatte Petersilie

geriebener Käse

Zubereitung

1 Die Kartoffeln 10 Minuten in Salzwasser kochen. Gründlich abgießen und mit Küchenpapier trocken tupfen. Bis zur weiteren Verwendung beiseitestellen.

2 Crème double und Gruyère in einer großen Schüssel vermengen. Den Cayennepfeffer zugeben und mit Salz und Pfeffer abschmecken.

3 Eiweiß steif schlagen und sorgfältig unter die Käsemischung heben. Die Kartoffeln zugeben und mit der Käsemischung vermengen.

4 Das Frittieröl auf 180 °C erhitzen, sodass ein Brotwürfel darin innerhalb von 30 Sekunden braun wird. Die Kartoffeln mit einem Schaumlöffel aus der Käsemischung heben und im Öl 3–4 Minuten goldbraun frittieren.

5 Auf einer Servierplatte anrichten und mit Petersilie und geriebenem Käse bestreuen. Sofort servieren.

Grillkartoffeln mit Limettenmayonnaise

Zutaten

FÜR 4 PERSONEN

500 g Kartoffeln, ungeschält und gewaschen
3 EL Butter, zerlassen, plus etwas mehr zum Einfetten
2 EL frisch gehackter Thymian
Salz und Pfeffer
Paprikapulver, zum Bestäuben

Limettenmayonnaise
150 g Mayonnaise
2 TL Limettensaft
abgeriebene Schale von 1 Limette
1 Knoblauchzehe, zerdrückt
1 Prise Paprikapulver

Zubereitung

1 Die Kartoffeln in etwa 1 cm dicke Scheiben schneiden, dann in kochendem Wasser 5–7 Minuten garen – sie sollten noch fest sein. Mit einem Schaumlöffel herausheben und gut abtropfen lassen. Ein Backblech mit gefetteter Alufolie auslegen und die Kartoffelscheiben nebeneinander darauf verteilen.

2 Die Kartoffelscheiben mit der zerlassenen Butter einpinseln und mit Thymian sowie Salz und Pfeffer bestreuen. Unter dem vorgeheizten Backofengrill auf mittlerer Schiene 15 Minuten backen, wenden und nochmals 15 Minuten backen.

3 In der Zwischenzeit sämtliche Zutaten für die Limettenmayonnaise in einer kleinen Schüssel gut verrühren und mit Salz und Pfeffer abschmecken.

4 Die Kartoffelscheiben auf eine vorgewärmte Servierplatte geben und mit etwas Paprikapulver bestreuen. Mit der Limettenmayonnaise servieren.

Knoblauchkartoffeln

Zutaten

FÜR 4 PERSONEN

3 große fest kochende Kartoffeln
4 EL natives Olivenöl extra
2 EL Butter
2 Knoblauchzehen, gehackt
1 EL frisch gehackter Rosmarin
1 EL frisch gehackte Petersilie
1 EL frisch gehackter Thymian
Salz und Pfeffer

Zubereitung

1 Die Kartoffeln abbürsten. In einem großen Topf leicht gesalzenes Wasser zum Kochen bringen. Die Kartoffeln hineingeben und 10 Minuten garen. Dann herausnehmen und unter kaltem Wasser abspülen. Gründlich abtropfen und so weit abkühlen lassen, dass man sie anfassen kann.

2 Die Kartoffeln in dicke Spalten schneiden, aber nicht schälen.

3 Öl und Butter in einem kleinen Topf erhitzen, den Knoblauch darin bei schwacher Hitze goldbraun dünsten, dann vom Herd nehmen. Die Kräuter in die Knoblauchmischung einrühren und diese mit Salz und Pfeffer abschmecken. Die Kartoffelspalten mit der Knoblauchmischung bestreichen.

4 Kartoffeln unter dem heißen Backofengrill 10–15 Minuten grillen, bis sie gar sind. Dabei regelmäßig mit der Knoblauchmischung bestreichen.

5 Die Knoblauchkartoffeln auf eine vorgewärmte Servierplatte geben und als Vorspeise oder Beilage servieren.

Neue Kartoffeln mit Aïoli

Zutaten

FÜR 6–8 PERSONEN

Kartoffeln

450 g neue kleine Kartoffeln
1 EL frisch gehackte glatte Petersilie

Aïoli

1 großes Eigelb, auf Zimmertemperatur
1 EL Weißweinessig oder Zitronensaft
2 große Knoblauchzehen, geschält
Salz und Pfeffer
5 EL natives Olivenöl extra
5 EL Maiskeimöl
1 EL Wasser

Zubereitung

1 Für die Aïoli Eigelb, Essig oder Zitronensaft, Knoblauch sowie Salz und Pfeffer in der Küchenmaschine mischen. Bei laufendem Motor erst das Olivenöl, dann das Maiskeimöl ganz langsam tropfenweise zugeben. Wenn die Mayonnaise dick wird, kann das restliche Öl in einem langsam fließenden Strahl untergerührt werden. Für dieses Rezept sollte die Aïoli ein wenig dünnflüssiger sein, sodass die Kartoffeln gut damit überzogen werden können. Deshalb 1 Esslöffel Wasser unter die Aïoli mischen.

2 Die Kartoffeln halbieren oder vierteln, die Stücke sollten mundgerecht sein. Sehr kleine Kartoffeln können auch ganz bleiben. Die Kartoffeln in gesalzenem Wasser zum Kochen bringen. Die Hitze reduzieren und die Kartoffeln etwa 7 Minuten garen. Sie sollten gerade eben weich sein. Absieben und in eine Schüssel geben.

3 Die Aïoli über die noch warmen Kartoffeln gießen und die Kartoffeln darin wenden. Etwa 20 Minuten ruhen lassen.

4 Die Kartoffeln mit der Aïoli in eine vorgewärmte Schale geben, mit Petersilie bestreuen und warm servieren. Das Gericht kann auch im Voraus zubereitet und im Kühlschrank aufbewahrt werden. Es sollte jedoch auf Zimmertemperatur erwärmt serviert werden.

Pesto-Kartoffeln

Zutaten

FÜR 4 PERSONEN

1 kg kleine neue Kartoffeln
75 g frisch gezupftes Basilikum, plus einige Zweige zum Garnieren
2 EL Pinienkerne
3 Knoblauchzehen, zerdrückt
Salz und Pfeffer
100 ml natives Olivenöl extra
75 g frisch geriebener Parmesan und Pecorino, gemischt

Zubereitung

1 Die Kartoffeln in kochendem Salzwasser 15 Minuten garen, bis sie weich sind. Gut abgießen, in eine vorgewärmte Schüssel geben und warm stellen.

2 Unterdessen Basilikum, Pinienkerne, Knoblauch sowie etwas Salz und Pfeffer in der Küchenmaschine 30 Sekunden pürieren, dabei nach und nach das Öl zugießen, bis eine glatte Masse entsteht.

3 Die Mischung in eine Schüssel füllen. Den geriebenen Käse unterrühren.

4 Die Pesto-Sauce über die Kartoffeln geben und gut vermengen. Mit frischen Basilikumzweigen garnieren und sofort servieren.

Zitronen- & Kräuterkartoffeln

Zutaten

FÜR 4 PERSONEN

Zitronenkartoffeln

1 kg neue Kartoffeln
25 g Butter
1 EL fein abgeriebene Zitronenschale
2 EL Zitronensaft
1 EL frisch gehackter Dill, plus etwas mehr, zum Garnieren
Salz und Pfeffer

Kräuterkartoffeln

1 kg neue Kartoffeln
3 EL natives Olivenöl extra
1 EL Weißweinessig
1/2 TL Senf
1 Prise Zucker
Salz und Pfeffer
2 EL frisch gehackte gemischte Kräuter (z. B. Petersilie, Schnittlauch, Majoran, Basilikum und Rosmarin), plus etwas mehr, zum Garnieren

Zubereitung

1 Für die Zitronenkartoffeln die Kartoffeln entweder gut abbürsten oder die Schalen mit einem scharfen Messer abkratzen. Die Kartoffeln in leicht gesalzenem Wasser etwa 15 Minuten kochen, bis sie gerade gar sind. Inzwischen die Butter bei niedriger Hitze zerlassen. Zitronenschale, Zitronensaft und Dill zufügen und mit Salz und Pfeffer abschmecken. Die Kartoffeln abgießen und in eine Servierschüssel geben.

2 Mit der Zitronenbutter übergießen und vermengen. Mit Dill garnieren und heiß oder warm servieren.

3 Für die Kräuterkartoffeln die Kartoffeln wie in Schritt 1 putzen und kochen. Öl, Essig, Senf, Zucker sowie Salz und Pfeffer in einer kleinen Schüssel gut mischen. Die Kräuter zugeben und verrühren.

4 Die Kartoffeln abgießen und mit der Kräutersauce vermengen. Mit den zusätzlichen Kräutern garnieren und warm oder kalt servieren.

Perfektes Kartoffelpüree

Zutaten

FÜR 4 PERSONEN

1 kg mehlig kochende Kartoffeln

60 g Butter

3 EL heiße Milch

Salz und Pfeffer

Zubereitung

1 Die Kartoffeln schälen. Geschälte Exemplare bis zur weiteren Verwendung in kaltes Wasser legen, damit sie sich nicht verfärben.

2 Die Kartoffeln in etwa gleich große Stücke schneiden und bei mittlerer Hitze 20–25 Minuten in kochendem Salzwasser garen.

3 Die Kartoffeln abgießen, in den heißen Topf zurückgeben und mit einem Kartoffelstampfer zu einem glatten Püree verarbeiten. Die Butter zufügen und weiterstampfen, bis sie untergemischt ist, dann die Milch zugießen und einarbeiten.

4 Das fertige Püree mit Salz und Pfeffer abschmecken und sofort servieren.

Kartoffelpüree-Trio

Zutaten

FÜR 4 PERSONEN

300 g mehlig kochende Kartoffeln, grob gehackt
125 g Steckrüben, grob gehackt
1 Karotte, gehackt
450 g Spinat
1 EL Milch
1 EL Butter, plus etwas mehr zum Einfetten
35 g Mehl
1 Ei
1/4 TL gemahlener Zimt
Salz und Pfeffer
1 EL Orangensaft
1/4 TL frisch geriebene Muskatnuss
Karottenstifte, zum Garnieren

Zubereitung

1 Kartoffeln, Steckrüben und Karotte in separaten Töpfen mit kochendem Wasser jeweils 10 Minuten garen und dann gründlich abgießen. Den Spinat in etwas kochendem Wasser 5 Minuten blanchieren und behutsam abgießen.

2 Die Kartoffeln mit Milch und Butter zu einem glatten Püree verarbeiten. Dann das Mehl und das Ei unterrühren. Das Kartoffelpüree in 3 gleich große Portionen teilen und diese in separate Schüsseln geben. Die erste Portion mit den Steckrüben verrühren, die zweite mit der Karotte und die letzte mit dem Spinat.

3 Die Steckrübenmischung mit Zimt, Salz und Pfeffer würzen, die Karottenmischung mit dem Orangensaft und die Spinatmischung mit der Muskatnuss.

4 Den Backofen auf 180 °C vorheizen. Vier 150-ml-Backförmchen gut mit Butter einfetten. Eine Schicht der Steckrübenmischung in die Förmchen geben und glatt streichen. Den Vorgang mit der Spinat- und der Karottenmischung wiederholen. Dann die Förmchen mit Alufolie abdecken und in einen flachen Bräter setzen. Den Bräter bis zur Hälfte mit kochendem Wasser füllen und die Pürees im vorgeheizten Ofen bei 180 °C etwa 40 Minuten backen.

5 Die Förmchen vorsichtig auf einen Servierteller stürzen, mit den Karottenstiften garnieren und sofort servieren.

Scharfe Kartoffelküchlein

Zutaten

FÜR 4 PERSONEN

500 g Kartoffeln, geschält und in großen Stücken
2 frische grüne Chillies, entkernt und fein gehackt
1 frische rote Chili, entkernt und fein gehackt
1 EL blanchierte Mandeln, fein gehackt
2 EL Kokosraspel
1 EL frisch gehackter Koriander oder frisch gehackte Petersilie
2 EL Mehl
2,5-cm-Stück Ingwerwurzel, gerieben oder fein gehackt
Salz
Pflanzenöl, zum Frittieren
Mango-Chutney, zum Servieren

Zubereitung

1 Die Kartoffeln in leicht gesalzenem Wasser 20–25 Minuten kochen, bis sie gerade gar sind. Gut abtropfen lassen und mit einem Kartoffelstampfer zerdrücken. In eine Schüssel geben und abkühlen lassen.

2 Chillies, Mandeln, Kokosraspel, Koriander oder Petersilie, Mehl und Ingwer zu den zerdrückten Kartoffeln geben. Alles gut vermengen und mit Salz abschmecken. Die Kartoffelmischung mit leicht feuchten Händen zu Bällchen formen und behutsam zu Küchlein flach drücken.

3 Das Öl zum Frittieren auf 180–190 °C erhitzen oder so lange, bis ein Brotwürfel in 30 Sekunden darin bräunt. Die Küchlein, gegebenenfalls portionsweise, 5 Minuten frittieren, bis sie goldbraun sind. Auf Küchenpapier abtropfen lassen und sofort mit dem Chutney servieren.

Dauphine-Kartoffeln

Zutaten

FÜR 4–6 PERSONEN

1 kg mehlig kochende Kartoffeln, z. B. Ilona, Datura oder Likaria, in dünnen Scheiben
1 große Knoblauchzehe, halbiert
Butter, zum Einfetten und Überbacken
250 g Crème double
Salz und Pfeffer
frisch geriebene Muskatnuss
200 g Gruyère, fein gerieben

Zubereitung

1 Den Backofen auf 190 °C vorheizen. Die Kartoffelscheiben in eine Schüssel geben, mit kaltem Wasser bedecken und 5 Minuten stehen lassen, dann abgießen und gründlich abtropfen lassen.

2 Unterdessen eine ovale Auflaufform (1,5 l Inhalt) mit den Schnittflächen der Knoblauchzehe einreiben; dabei die Zehe kräftig drücken, damit sie ihr Aroma vollständig entfalten kann. Anschließend die Seitenwände der Form mit etwas Butter einfetten.

3 Kartoffeln und Crème double in eine Schüssel geben und mit Salz, Pfeffer und Muskat würzen. Alles gut vermengen und in die vorbereitete Form füllen. Eventuell in der Schüssel verbliebene Crèmereste zugießen.

4 Die Kartoffeln mit dem Käse bestreuen und einige Butterflocken obenauf setzen. Das Gratin in den Backofen schieben und 60–80 Minuten backen, bis die Kartoffeln gar sind und die obere Käseschicht goldbraun und knusprig ist. Das fertige Gericht vor dem Servieren etwa 2 Minuten abkühlen lassen.

Pommes Anna

Zutaten

FÜR 4 PERSONEN

5 EL Butter, zerlassen
700 g fest kochende Kartoffeln
4 EL frisch gehackte Kräuter
Salz und Pfeffer
frisch gehackte Kräuter, zum Garnieren

Zubereitung

1 Den Backofen auf 190 °C vorheizen. Eine flache Auflaufform (1 l Inhalt) mit etwas zerlassener Butter einfetten. Die Kartoffeln in dünne Scheiben schneiden und trocken tupfen.

2 Eine Schicht Kartoffeln in der Form so verteilen, dass der Boden bedeckt ist. Mit etwas Butter einpinseln und mit frischen Kräutern bestreuen. Mit Salz und Pfeffer würzen.

3 Kartoffeln, Butter, Kräuter, Salz und Pfeffer abwechselnd aufeinander schichten, bis alle Kartoffelscheiben aufgebraucht sind. Die obere Kartoffelschicht mit Butter einpinseln, dann die Form mit Alufolie abdecken und 90 Minuten im Backofen backen.

4 Anschließend in eine zweite Auflaufform stürzen und wieder 25–30 Minuten goldbraun backen. Mit Kräutern garnieren und servieren.

Kartoffeln nach Bäckerart

Zutaten

FÜR 2 PERSONEN

500 g Kartoffeln, in sehr dünnen Scheiben

1 kleine Zwiebel, in dünnen Ringen

frisch gemahlener schwarzer Pfeffer

60 ml Gemüsebrühe

60 ml entrahmte Milch

1 TL Butter

Zubereitung

1 Den Backofen auf 200 °C vorheizen. Kartoffelscheiben und Zwiebelringe in eine flache Auflaufform schichten; dabei jede Schicht gut pfeffern.

2 Brühe und Milch verrühren und über die Kartoffeln gießen. Die Butter in kleinen Flöckchen auf den Auflauf setzen. Den Auflauf mit Alufolie abdecken und 30 Minuten in den vorgeheizten Backofen geben.

3 Die Alufolie entfernen und die Kartoffeln erneut 30 Minuten backen, bis sie gar sind.

Mandelkartoffeln mit Sahne

Zutaten

FÜR 4 PERSONEN

600 g ungeschälte Kartoffeln, in Scheiben
1 EL Pflanzenöl
1 rote Zwiebel, halbiert und in Ringe geschnitten
1 Knoblauchzehe, zerdrückt
50 g Mandelsplitter
1/2 TL Kurkuma
125 g Rucola
300 g Sahne oder Crème double
Salz und Pfeffer

Zubereitung

1 Die Kartoffeln in kochendem Wasser 10 Minuten garen. Gründlich abgießen.

2 Das Öl in einer Pfanne erhitzen und Zwiebel und Knoblauch darin 3–4 Minuten unter ständigem Rühren andünsten.

3 Mandeln, Kurkuma und Kartoffelscheiben zugeben und 2–3 Minuten unter ständigem Rühren garen. Den Rucola einrühren.

4 Den Backofen auf 190 °C vorheizen. Die Kartoffelmischung in eine flache Auflaufform füllen. Mit Sahne oder Crème double übergießen und mit Salz und Pfeffer würzen.

5 Die Mandelkartoffeln im vorgeheizten Ofen 20 Minuten backen, bis sie gar sind. Als Beilage zu gegrilltem Fleisch oder Fisch servieren.

Indische Kartoffeln mit Spinat

Zutaten

FÜR 4 PERSONEN

1/2 TL Koriandersamen
1 TL Kreuzkümmelsamen
4 EL Pflanzenöl
2 Kardamomkapseln
1-cm-Stück Ingwerwurzel, gerieben
1 rote Chili, gehackt
1 Zwiebel, gehackt
2 Knoblauchzehen, zerdrückt
500 g neue Kartoffeln, gewaschen und geviertelt
150 ml Gemüsebrühe
700 g Blattspinat, gehackt
4 EL Naturjoghurt
Salz und Pfeffer

Zubereitung

1 Koriander- und Kreuzkümmelsamen im Mörser zerstoßen.

2 Das Öl in einer großen Pfanne erhitzen, die zerstoßenen Gewürze, Kardamom und Ingwer zugeben und alles 2 Minuten anbraten.

3 Chili, Zwiebel und Knoblauch in die Pfanne geben und weitere 2 Minuten dünsten, dabei häufig umrühren.

4 Kartoffeln und Gemüsebrühe zugeben und alles 30 Minuten leicht köcheln lassen, bis die Kartoffeln gar sind. Währenddessen gelegentlich umrühren. Den Spinat zufügen und weitere 5 Minuten köcheln lassen.

5 Die Pfanne vom Herd nehmen und den Joghurt unter die Kartoffelmischung rühren. Mit Salz und Pfeffer abschmecken, in eine Servierschüssel geben und servieren.

Indische Kartoffeln mit Blumenkohl & Spinat

Zutaten

FÜR 4 PERSONEN

2 EL natives Olivenöl extra
1 Zwiebel, in Würfeln
1 EL Garam Masala
1/2 TL gemahlener Kreuzkümmel
1 TL Kurkuma
500 g gehackte Tomaten aus der Dose
300 ml Gemüsebrühe
500 g neue Kartoffeln, abgebürstet und in Stücken
300 g Blumenkohlröschen
60 g Mandelblättchen
250 g junger Spinat
Naan-Brot, zum Servieren

Zubereitung

1 Das Öl in einem Topf bei mittlerer Hitze erwärmen und Zwiebel und Gewürze darin unter ständigem Rühren 2–3 Minuten braten, dabei die Gewürze nicht anbrennen lassen. Tomaten und Brühe zugeben und zum Kochen bringen, die Hitze reduzieren, abdecken und 25 Minuten köcheln lassen.

2 Unterdessen die Kartoffeln in einem separaten Topf mit kaltem Wasser bedeckt zum Kochen bringen. Dann die Hitze reduzieren, abdecken und 15 Minuten köcheln lassen. Den Blumenkohl zufügen, wieder aufkochen, die Hitze reduzieren und weitere 10 Minuten gar, aber bissfest köcheln lassen.

3 Während das Gemüse kocht, den Backofengrill auf mittlerer Hitze vorheizen. Die Mandeln auf einem Backblech verteilen und unter dem Grill 1–2 Minuten rösten, dabei mehrmals wenden. Nicht verbrennen lassen. Anschließend in eine kleine Schüssel füllen und beiseitestellen.

4 Den Spinat zu Blumenkohl und Kartoffeln in den Topf geben und unterrühren. Alles 1 Minute köcheln lassen. Das Gemüse abgießen und wieder in den Topf füllen. Die Tomatensauce unterrühren. Das Gericht in eine angewärmte Servierschüssel geben, mit den Mandeln bestreuen und mit Naan-Brot servieren.

Kartoffeln Bombay

Zutaten

FÜR 4 PERSONEN

1 kg mehlig kochende Kartoffeln

2 EL pflanzliches Ghee

1 TL Panch-Phoran-Gewürzmischung

3 TL gemahlene Kurkuma

2 EL Tomatenmark

300 g Naturjoghurt

Salz

frischer Koriander, zum Garnieren

Zubereitung

1 Die Kartoffeln in einem großen Topf mit Salzwasser zum Kochen bringen, dann köcheln lassen, bis sie fast gar, aber nicht weich sind. Die Kochzeit hängt von der Größe der Kartoffeln ab und liegt für mittelgroße Kartoffeln bei etwa 15 Minuten.

2 Ghee in einem Topf bei mittlerer Hitze erwärmen und die Gewürzmischung, Kurkuma, Tomatenmark, Joghurt und Salz zugeben. Zum Kochen bringen und ohne Deckel 5 Minuten köcheln lassen. Den Backofen auf 180 °C vorheizen.

3 Die Kartoffeln abgießen und vierteln, dann in den Topf mit der Sauce geben, abdecken und kurz anbraten. In einen feuerfesten Schmortopf geben, abdecken und im vorgeheizten Ofen etwa 40 Minuten rösten, bis die Kartoffeln weich sind und die Sauce leicht eingedickt ist.

4 Den Koriander hacken und über die Kartoffeln streuen. Sofort servieren.

Pikant gewürzte Kartoffeln mit Spinat

Zutaten

FÜR 4 PERSONEN

3 EL Pflanzenöl
1 rote Zwiebel, in Ringen
2 Knoblauchzehen, zerdrückt
1/2 TL Chilipulver
2 TL gemahlener Koriander
1 TL gemahlener Kreuzkümmel (Kumin)
150 ml Gemüsebrühe
300 g Kartoffeln, gewürfelt
500 g junger Spinat
Salz und Pfeffer
1 rote Chili, in Ringen

Zubereitung

1 Das Öl in einer Pfanne erhitzen. Zwiebel und Knoblauch darin bei mittlerer Hitze unter gelegentlichem Rühren 2–3 Minuten glasig dünsten.

2 Chilipulver, Koriander und Kreuzkümmel einrühren und unter ständigem Rühren weitere 30 Sekunden garen.

3 Gemüsebrühe, Kartoffeln und Spinat zugeben und alles zum Kochen bringen. Dann die Hitze reduzieren, die Pfanne abdecken und das Gemüse etwa 10 Minuten köcheln lassen, bis die Kartoffeln gar und weich sind.

4 Den Deckel abnehmen, das Gericht mit Salz und Pfeffer gut abschmecken, Chili zugeben und weitere 2–3 Minuten köcheln lassen. In eine vorgewärmte Servierschüssel geben und sofort servieren.